AI와 창작 패러다임의 전환

인공지능총서

인공지능 시대입니다. 기계가 인간의 인지를 대신하고, 사물이 인간을 통하지 않고 다른 사물과 직접 커뮤니케이션합니다. 이에 따른 인간 삶과 문명 변화를 정확히 이해·예측·대응하는 것은 이 시대 우리 모두의 과제입니다. 인공지능총서는 인공지능 기술과 환경의 여러 주제를 10가지 키워드로 정리합니다. 관련 개념과 이론, 학계와 산업계의 쟁점, 우리 일상의 변화를 다룹니다. 인간과 기술의 현재, 미래를 세심히 분석합니다.

일러두기

- 인명, 작품명, 저서명, 개념어 등은 한글과 함께 괄호 안에 해당 국가의 원어를 병기했습니다.
- 외래어 표기는 현행 어문규정의 외래어표기법을 따랐습니다.

처음이세요?

전문가세요?

AI와 창작 패러다임의 전환

김학수

대한민국, 서울, 커뮤니케이션북스, 2024

AI와 창작 패러다임의 전환

지은이 김학수
펴낸이 박영률

초판 1쇄 펴낸날 2024년 9월 30일

커뮤니케이션북스(주)
출판 등록 2007년 8월 17일 제313-2007-000166호
02880 서울시 성북구 성북로 5-11
전화(02) 7474 001, 팩스(02) 736 5047
commbooks@commbooks.com
www.commbooks.com

ISBN 979-11-288-9968-3 03500

책값은 뒤표지에 표시되어 있습니다.

차례

생성형 AI 기반의 창작 플랫폼과 생태계

생성형 AI를 접목한 창작 플랫폼은 창작자에게 다양한 아이디어를 제공하고 초안을 작성하는 데 도움을 준다. 이미 다수의 텍스트, 이미지, 음악, 영상 생성 플랫폼이 나와 있으며, 또한 창작 과정에서 생성형 AI의 활용은 계속적으로 증가하고 있는 추세다. 현재 창작 과정에서 생성형 AI는 아이디어 발상, 초안 작성 및 편집 과정에서 보조 도구로 사용되고 있으며, 이와 관련한 창작자와 생성형 AI의 협업 플랫폼도 계속해서 등장하고 있다. 이로 인해 생성형 AI 기반 창작 플랫폼은 작가, 디자이너, 음악가 등 다양한 창작자들이 작품을 공유하고 협업할 수 있는 공간이 되어 가고 있으며 생성형 AI가 접목된 이러한 플랫폼은 콘텐츠 생성, 작업 보조, 협업 지원 등 다양한 방식으로 활용되고 있는 실정이다. 생성형 AI는 창작물의 다양성을 증가시키며, 새로운 스타일과 장르를 탐험하고 개인화된 콘텐츠 제작 가능성을 확대할 수 있다. 그리고 생성형 AI와의 협업을 통해 전에 없던 새로운 예술 형식과 표현 방식이 나타날 수 있다. 이러한 생성형

AI 기반 협업 플랫폼은 인간의 반복적인 창작의 과정을 자동화하고 창작자들이 생성형 AI의 대화 기능을 통해 생성형 AI와 상호작용하며 아이디어를 도출하고 창작물의 다양한 버전을 빠르게 생성하고 이를 수정할 수 있게 한다. 이로 인해 생성형 AI는 창작자들의 반복적이고 시간 소모적인 작업을 자동화함으로써 창작자들이 창의적인 활동에만 집중할 수 있게 해 준다. 생성형 AI는 창작자들의 작업 효율을 높이고, 창작물의 다양성과 표현 방식을 혁신적으로 변화시키는 데 중요한 역할을 할 것이다. 앞으로도 생성형 AI와 창작자의 협업은 창작의 질을 높이고, 창작자들이 더욱 혁신적인 작품을 제작할 수 있는 기회를 제공할 것이며 생성형 AI 기반 창작 플랫폼은 계속적으로 창작자들에게 새로운 도구와 방법을 제공해 창작의 가능성을 확장할 것이다.

이러한 생성형 AI의 도입으로 창작 생태계는 효율성과 창의성을 동시에 추구할 수 있는 새로운 패러다임으로 전환될 것이다. 그러므로 생성형 AI는 창작 생태계에 긍정적인 영향을 미칠 것이다. 첫째, 누구나 쉽게 창작 활동에 참여할 수 있도록 문턱을 낮추는 효과를 가져올 것이다. 둘째, 창작 과정의 효율성을 높여 생산성을 향상시킬 것이다. 셋째, 다양한 스타일과 형태의 콘텐츠 생성을 가능하게 해 콘텐츠의 다양성을 확대시킬 것이다. 넷째, 생성형 AI를 활용한 새로운 비즈니스 모델이 등장할 것이다. 생성형 AI는 창작의 진입 장벽을 낮추고, 전문적인 기술 없이도 고품질 콘텐츠 제작을 가능하게 할 것이다. 이는 아마추어 창작자들의 활동 영역을 넓히고, 생성형 AI 도구의 등장으로 전문적인 기술이나 경험이 없는 사람들도 양질의 콘텐츠를 제작할 수 있게 하는 것이다. 이러한 변화는 더 많은 사람들이 창작 활동에 참여할 수 있는 기회를 제공하고, 콘텐츠의 다양성을 증진하는 효과를 발생시킨다. 이로써 생성형 AI는 창작 생태계의 혁신을 이끌며, 새로운 가능성을 열어 갈 것이다. 이미 다양한 분야에서 생성형 AI의 활용이 증가하면서, 창작의 범위와 형태가 확장되고 있다. 이는 창작자들에게 더 많은 기회를 제공하고, 창작 생태계의 발전을 촉진하는 중요한 요소로 작용할 것이다.

향후 생성형 AI와 인간의 협업 플랫폼은 더욱 고도화될 것이며 생성형 AI가 창작의 보조 도구를 넘어 공동 창작자로 발전할 것이다. 미래에 인간의 창의성과 생성형 AI의 효율성이 결합된 새로운 창작 패러다임이 등장할 것이다. 이제는 생성형 AI를 창의적 파트너로 활용하는 방식에 대한 연구와 실험이 필요하다. 인간의 창의성과 생성형 AI의 효율성을 최적으로 결합하는 방법을 모색하기 위해 기술의 고도화도 필요하며, 창작자의 의도와 스타일을 정확히 반영할 수 있는 생성형 AI 기술의 발전이 요구된다. 이로 인해 앞으로는 개인 맞춤형 콘텐츠 생태계가 더욱 확대될 것이며, 개인의 취향과 요구에 맞는 생성형 AI 생성 콘텐츠가 더욱 증가하게 될 것이다. 실시간으로 변화하는 인터랙티브 콘텐츠 플랫폼이 등장할 것이며 장르 간, 매체 간 융합의 크로스 미디어 창작 활성화로 텍스트, 이미지, 음악, 비디오 등 다양한 미디어를 통합한 생성형 AI 창작 도구가 발전할 것이다. 멀티미디어 콘텐츠 제작이 더욱 쉬워질 것이고 이를 위한 교육과 재교육이 부각되며 관련 교육 시장도 성장할 것이다. 왜냐하면 변화하는 창작 환경에 맞춰 새로운 기술을 습득하고 생성형 AI와 협업하는 방법을 배우는 것은 이제 그 어느 때보다 중요해질 것이기 때문이다. 이러한 창작 생태계의 발전을 위해서는 계속적인 기술적 개선, 법적 제도 마련, 교육 및 지원, 다양한 분야에서의 발전이 필요하다. 구체적으로는 기술적 개선을 통해 생성형 AI의 기술적 한계를 극복하고, 더욱 정확하고 다양한 콘텐츠를 생성할 수 있도록 해야 하며 저작권 문제와 윤리적 문제를 해결하기 위해 법적 제도를 마련해야 한다. 창작자들이 생성형 AI를 활용할 수 있도록 교육 및 지원이 필요하며, 이를 바탕으로 다양한 분야에서 생성형 AI를 활용하므로 창작 생태계를 더욱 확장해 나가야 할 것이다.

각 장의 내용을 간략하게 소개하자면 다음과 같다.

1장의 내용은 언어모델에 관한 것이다. 앨런 튜링은 언어를 인공지능의 마지막 관문으로 보았다. 초거대언어모델(LLM)은 AI가 인간 언어를 이해하고 지능적 행위를 수행하게 한다. 정보혁명 이후 빅데이터는 클라우드로, 클라우드는 인공지능으로 발전했다. 생성형 AI는 인류 진화와 변화를 상징하며, 그에 대한 사람들의 반응은 열광과 절망으로 나뉜다. 도구로서 생성형 AI의 사용법을 고민해야 하며, 이는 인간 지혜의 영역에 속한다. 생각은 문제 해결 과정으로, 이를 위한 언어는 경험과 기억을 형성하고 매개한다. 인간의 생각, 즉 의식은 세포 연결의 결과이며, 생각과 언어의 방식인 커뮤니케이션은 언어적, 비언어적 방법으로 그 의미를 전달한다. 코딩은 컴퓨터 프로그래밍 과정으로, 1840년대 찰스 배비지와 1936년 앨런 튜링의 연구로 이론적 기반이 마련되었다. 코딩의 일종인 프로그래밍 언어는 오늘날 사람과 컴퓨터 간의 의사소통을 가능하게 한다. 그리고 마침내 생성형 AI의 발전으로 인간과 기계 간 대화가 가능해졌으며,

이는 언어와 비언어적 요소의 결합으로 커뮤니케이션이 강화된다.

2장의 내용은 API에 관한 것이다. API는 애플리케이션 간 상호작용을 가능하게 하는 인터페이스로, 웹, 모바일, 데이터베이스 API 등이 있다. 대표적으로 구글 Maps, 트위터, 페이팔, 아마존 AWS, OpenAI API 등이 있으며, 이를 통해 개발 시간과 비용을 절감할 수 있다. 프롬프트 엔지니어링은 인공지능 모델에 특정 과제를 수행하도록 지시하는 기술로, 사용자의 의도를 정확히 파악하고 맥락에 맞는 결과를 생성하는 데 중요하다. API 메커니즘은 인증, 권한 부여, 데이터 변환, 오류 처리 등을 포함하며, 명확한 문서화가 중요하다. 프롬프트 엔지니어링 알고리즘은 문제 정의, 모델 분석, 템플릿 설계, 파라미터 최적화, 테스트 및 평가, 반복 개선의 단계로 구성된다. API와 프롬프트 엔지니어링은 시스템 연결과 지능형 시스템 구축에 중요한 역할을 한다. 다양한 분야에서 활용되며, 특히 문화 콘텐츠에도 적용된다. 프롬프트 엔지니어링은 생성형 AI 모델에 최적의 입력을 생성해 성능을 극대화하는 과정으로, 명확성, 구체성, 적절한 길이 등의 전략을 활용한다. 이를 통해 생성형 AI 성능을 극대화하고 자연어 처리 기술 발전에 기여한다.

프롬프트 설계는 명확하고 구체적인 질문으로 모델이 답변할 수 있게 하며, 반복적인 개선과 예제 사용이 중요하다.

3장에서는 글쓰기의 구조를 다룬다. 글쓰기는 스토리와 스테이트먼트로 나뉘며, 각각 서사와 설명/설득의 구조를 갖는다. 스토리는 세계관, 캐릭터, 플롯으로 구성되고, 스테이트먼트는 도입, 서론, 본론, 결론, 적용의 구조로 설명적 또는 설득적 글쓰기에 사용된다. 설득적 글쓰기는 독자의 관심을 끌고 주장을 명확히 하며, 설명적 글쓰기는 복잡한 개념을 명료하게 설명하고, 서사적 글쓰기는 이야기를 통해 메시지를 전달한다. 주제문과 단락의 조화는 좋은 글쓰기의 필수 요소다. 설득적 글쓰기와 설명적 글쓰기는 주제 문장과 논리적 구조가 중요하다. 본론에서는 주장과 근거를 명확히 하고, 결론에서는 요약과 최종 분석을 통해 핵심을 전달한다. 생성형 AI는 프롬프트 엔지니어링을 통해 글쓰기 과정에서 유용하게 활용될 수 있다. 서사적 글쓰기는 스토리와 스테이트먼트의 장점을 결합한 하이브리드 글쓰기이며, 감성과 이성을 모두 활용한다. 스테이트먼트 단락은 논리적 설명을, 스토리 단락은 감성적 설득을 목적으로 한다. 생성형 AI는 이러한 글쓰기에서 단락 구성과 문체 선택에 도움을 준다. 효과적인 글쓰기를 위해 기본 형식을 이해하고 체계적으로 구조화하는 것이 중요하다.

4장에서 다룰 스토리 창작의 3요소는 세계관, 캐릭터, 플롯이다. 세계관은 시각적 요소로 흥미를 유발하며, 캐릭터는 욕망과 결핍을 통해 주제를 전달한다. 플롯은 감정선과 갈등 곡선으로 구성되며, 갈등의 고조와 해소를 보여 준다. 생성형 AI와 인간의 창의성 결합은 스토리 창작의 새로운 지평을 열며, 효과적인 프롬프트 엔지니어링 기법은 구체적인 프롬프트 디자인, 스토리 구조 활용, 창의성과 균형, 반복적인 개선을 포함한다. 생성형 AI와 인간의 협업은 스토리 창작을 진화시키며, 이를 위해 인간은 본질에 대한 깊은 이해와 성찰이 필요하다. 생성형 AI를 활용한 이야기 창작 과정은 시놉시스와 원고 쓰기의 기본 설정으로 구성된다. 작가는 생성형 AI에 의존하는 것이 아니라 생성형 AI가 생성한 1차적인 내용을 검토하고 수정해 오류를 바로잡고, 문맥과 흐름을 개선해 이야기를 완성하는 것이다. 이를 통한 생성형 AI와 인간의 협력으로 독창적이고 완성도 높은 콘텐츠를 창조할 수 있다.

5장에서는 작가들이 생성형 AI를 인간처럼 여기거나 자신의 생각을 생성형 AI 반응에서 찾으려는 경향이 인간 자신의 고유한 비판 능력 저하와 잘못된 결정을 초래할 수 있다는 점을 설명한다. 이는 결과적으로 정보의 다양성 부족과 에코 챔버 현상을 일으키며, 이를 개선하기 위해서는 생성형 AI의 한계와 특성을 인식하고 다양한 관점을 고려하는 태도가 필요하다. 생성형 AI에 대한 맹종과 적대시 모두가 문제를 일으킬 수 있으며, 생성형 AI에 대한 인간의 균형 잡힌 시각과 책임감 있는 사용이 중요하다. 생성형 AI가 일자리를 빼앗고 저작권을 침해할 것이라는 비관론도 있지만, 이는 지나친 억측이며 우리는 생성형 AI를 통해 인간의 반복 작업을 대체해 인간이 더욱 창의적인 일에 집중하게 할 수 있다. 생성형 AI에 대한 인간의 적대감은 오히려 기술 발전을 저해하고 불필요한 사회적 갈등을 유발할 수 있으며, 이로 인한 비현실적 규제만 초래할 수 있다. 따라서 생성형 AI에 대한 두려움과 오해를 줄이기 위해서는 교육과 인식 개선, 포용적 논의, 현실적 접근이 필요하다. 생성형 AI는 인간이 통제 가능한 도구로 남아야 하며, 긍정적 영향을 미칠 잠재력을 지니고 있음을 우리는 인식해야 한다.

6장에서는 스토리 프롬프트 엔지니어링 작성법을 다룬다. 생성형 AI는 창작 과정 중 시놉시스 단계와 원고 쓰기 단계에서 활용된다. 이를 통해 작가는 정교한 시놉시스와 체계적인 원고를 쓸 수 있으며, 특히 원고 쓰기 단계에서 대사와 지문의 표현 방법을 제안받아 이야기의 필력을 만들 수 있다. 생성형 AI는 시놉시스 단계인 스토리 아이디어, 로그라인, 기본 줄거리, 24블록 트리트먼트, 캐릭터 설계, 관계도에 대해 단계별로 효율적인 활용이 가능하다. 또한 원고 쓰기 단계에서는 생성형 AI를 통해 대사와 지문 작성에서 효과적인 도움을 받을 수 있으며 이는 작품의 생동감과 몰입감을 높이도록 도와준다.

7장은 필자의 경험을 중심으로 서술했다. 필자는 15년 차 스토리 전문가로, 웹소설 창작 프로세스를 고도화해 왔다. 웹소설 창작에서 생성형 AI와의 접목은 작가로 하여금 창작의 인내와 고통을 덜어 줄 수 있다. 필자는 그동안 집단지성을 기반으로 한 집단 창작을 통해 창의적이고 전문성 있는 작품을 만들 수 있었다. 최근에는 생성형 AI를 활용해 집단 창작의 각 단계를 효과적으로 만드는 방법을 개발하게 되었다. 스토리 아이디어 단계에서 생성형 AI를 통해 세계관, 캐릭터, 플롯을 기반으로 매력적인 소재와 주제를 찾을 수 있었고, 생성형 AI를 통해 매력적인 로그라인을 만들 수 있었다. 5막 구조로 구성된 기본 줄거리는 생성형 AI를 통해 대량으로 생성할 수 있게 되었다. 그뿐만 아니라 24블록 트리트먼트 이론을 기반으로 트리트먼트 24개의 블록에 내용을 빠른 속도로 채우고, 생성형 AI를 활용해 각 블록에 100개 이상의 씬을 만들 수 있었다. 그리고 캐릭터 설계 단계에서는 생성형 AI를 활용해 구체적이고 입체적인 캐릭터를 설계하고 이를 바탕으로 캐릭터 간 관계도를 작성할 수 있었다. 이렇게 필자는 생성형 AI와 집단 창작의 경험과 노하우를 녹여, 5시간 만에 시놉시스를 완성하고 이 시놉시스를 바탕으로 웹소설 1화 5,000자 원고를 생성형 AI와 스토리 프롬프트 엔지니어링을 통해 8주 만에 200화, 즉 100만 자 분량의 원고로 완결할 수 있었다.

8장에서는 AI를 활용할 때 주의할 점을 다루었다. 생성형 AI의 정보 출처는 신뢰할 만한 기관, 전문가, 공식 사이트 등에서 확인해야 하며, 교차 검증과 전문가 의견을 참고해 오류나 편견을 수정해야 한다. 생성형 AI는 학생의 학습 속도, 강점, 약점을 분석해 맞춤형 학습 계획을 제공하고, 자동 채점, 맞춤형 피드백, 학습 데이터 분석을 통해 학습 효과를 높인다. 또한, 몰입형 학습 환경을 조성해 창의적 사고와 문제 해결 능력을 키우며, 학습 장애가 있는 학생들에게 맞춤형 지원을 제공한다. 생성형 AI는 예술 창작에 새로운 아이디어와 영감을 제공하고, 반복적인 작업을 자동화해 예술가들이 창의적 과정에 집중할 수 있게 돕는다. AI 관련 새로운 직업으로는 생성형 AI 모델 트레이너, 프롬프트 엔지니어, AI 콘텐츠 크리에이터, AI 윤리 및 법률 전문가, 데이터 큐레이터 등이 있으며, AI를 활용한 창작 분야 직업이 증가하고 있다. AI 리터러시 교육 확대와 직업 재교육 프로그램을 통해 모든 연령대가 생성형 AI 기술을 습득하도록 지원해야 하며, 정부는 디지털 격차 해소를 위한 종합적인 정책을 수립 및 추진해야 한다.

9장에서는 생성형 AI의 미래를 살펴본다. 생성형 AI의 급속한 발전은 창작의 패러다임을 변화시키며, 한국 문화 산업, 특히 스토리텔링 분야에 큰 영향을 미친다. AI 기술은 창작 활동의 진입 장벽을 낮추고, 누구나 쉽게 글을 쓸 수 있게 하며, 개인의 창의성과 자기 표현을 증진한다. AI 도구는 간단한 아이디어를 입력하면 문장을 생성하거나 전체 글을 완성해 주고, 피드백을 통해 작가의 글쓰기 실력을 향상시킨다. 이는 다양한 목소리가 세상에 퍼질 수 있도록 돕는다. 생성형 AI는 인간의 창의성을 보완하고 확장하며, 한국의 문화 콘텐츠 산업에도 큰 파급효과를 미친다. AI는 새로운 아이디어를 제시하고, 제작 비용을 절감하며 콘텐츠 생산성을 극대화한다. 개인화된 스토리를 제공해 글로벌 독자들의 다양한 취향을 만족시키고, 독자 맞춤형 콘텐츠를 제작할 수 있다. 이러한 기술과 창의성의 결합은 한국 콘텐츠의 국제 경쟁력을 강화하며, K-한류의 지속적인 성장을 이끈다. 앞으로 생성형 AI 기술은 더욱 발전해 창작 과정의 여러 측면을 지원할 것으로 예상되며, 이는 인간과 AI가 협력해 더욱 놀랍고 감동적인 작품들을 만들어 낼 수 있도록 도울 것이다. K-스토리가 전 세계적으로 인기를 끌고 있는 지금, 정부와 기업, 개인이 협력해 창조적인 문화를 발전시키고, 대중의 창작 활동을 지원하는 정책과 제도를 마련해야 한다. 이는 대한민국이 세계적인 문화 강국으로 성장하는 데 기여할 것이다.

10장은 생성형 AI 기술의 발전과 문화 산업의 변화를 다룬다. 생성형 AI 모델은 텍스트, 이미지, 음성, 비디오 등 다양한 데이터를 통합적으로 처리할 수 있는 능력을 갖추며, 인간의 복합적인 의사소통 방식을 더 잘 이해하고 모방할 수 있게 효율적인 학습 알고리즘을 통해 자원 소모를 줄이며 성능을 높이는 연구가 활발히 진행 중이다. 생성형 AI는 인간의 능력을 보완하고 확장하며, 새로운 직업과 교육 시스템의 변화를 촉발할 것이다. 특히 양자 컴퓨팅과 뉴로모픽 컴퓨팅 등의 신기술 발전도 생성형 AI의 가능성을 높이고 있다. 생성형 AI는 스토리텔링 과정에서도 중요한 역할을 하며, 시놉시스와 원고의 단계별 초안을 제안해 작가가 세부 내용을 수정하고 보완할 수 있도록 돕는다. 또한, 반복적인 작업을 자동화해 작가가 창의적인 과정에 더 집중할 수 있게 한다. 프롬프트 엔지니어링은 생성형 AI 모델에게 특정 과제를 수행하도록 지시하는 기술로, 창작 과정에서 매우 중요하다. 이를 통해 생성형 AI 모델이 사용자의 의도를 정확히 파악하고 맥락에 맞는 결과를 생성할 수 있어, 인간과 AI 간의 협력을 원활하게 만든다.

01
언어모델, 생성형 AI의 본질

앨런 튜링은 언어를 인공지능의 마지막 관문으로 보았다. 초거대언어모델(LLM)은 AI가 인간 언어를 이해하고 지능적 행위를 수행하게 한다. 생성형 AI는 인류 진화와 변화를 상징하며, 인류는 도구로서 생성형 AI의 사용법을 고민해야 한다. 코딩은 컴퓨터 프로그래밍 과정으로, 1840년대 찰스 배비지와 1936년 앨런 튜링의 연구로 이론적 기반이 마련되었다. 생성형 AI 발전으로 인간과 기계 간 대화가 가능해졌으며, 이는 언어와 비언어적 요소의 결합으로 커뮤니케이션이 강화된다.

AI와 1인 창업?

언어의 바벨탑

앨런 튜링은 언어가 인공지능이 극복해야 할 마지막 관문이라고 주장했다(박준석, 2018). 컴퓨터 프로그래밍을 위한 코딩은 인간의 언어 능력을 극대화하는 방법이다. 이제까지는 코딩이라는 언어로, 사람이 주로 기계에게 말을 걸었다. 하지만 이제는 초거대언어모델(LLM)이라는 언어모델을 통해, 기계가 사람에게 말을 걸기 시작했다. 생성형 AI의 발전은 인터넷을 대표하는 통신 기술을 통해 인간의 언어와 지능의 연결을 강화했고, 언어와 지능의 연결은 인공지능 기술의 발전을 더욱 촉진해 튜링이 제시한 인공지능의 최종 목표에 이미 다다라 있음을 시사한다. 이제 인공지능은 인간의 언어를 더욱 이해하고, 더 나아가 인간과 같은 수준의 지능적 행위를 수행할 수 있는 능력을 갖추게 될 것이다. 21세기 언어의 바벨탑이 열린 것이다.

인공지능이란 무엇인가

우리는 인공지능이 무엇인지 이해하지 못하고 있다. 인공지능에 대한 우리의 이해는 아직 초보적인 단계에 머물러 있다. 우리는 인공지능에 대해, 인공지능의 본질에 대해 이해하기 위해 소프트웨어, 프로그래밍 언어, 응용 프로그램, 운영 체제의 발전사를 비롯해 슈퍼컴퓨터, 빅데이터, 클라우드 컴퓨팅 등과의 관계를 파악해야 한다. 인류 문명의 발달은 데이터가 정보로, 정보가 지식으로, 지식이 지혜로 전환되는 과정이었다. 특히 산업혁명 이후 시작된 정보혁명으로 빅데이터가 모여 클라우드가 되었고, 클라우드가 모여 인공지능이라는 정점에 이르렀다. 그 지식을 잘 활용하는 것이 인간의 지혜다.

생성형 AI의 출현

2022년 11월 30일 생성형 AI가 처음 등장한 시점은 마치 영화 〈2001 스페이스 오디세이〉에 등장하는 검은 모노리스 주변을 서성이는 최초의 인류와 유사하다. 그리고 유인원이 도구로 쓰던 동물의 뼈가 하늘에서 우주정거장으로 바뀌는 장면과, 공교롭게도 영화의 줄거리가 인공지능 컴퓨터 HAL9000과 우주 비행사들 간의 갈등 그리고 신비로운 검은 모노리스 존재와 인간의 진화와 변화를 그리고 있는 것은 생성형 AI의 출현으로 21세기 언어의 바벨탑을 마주한 인류를 향한 스탠리 큐브릭 감독의 예언자적 통찰이라 할 수 있다.

논란의 생성형 AI

쉽게 이해할 수 없는 생성형 AI에 대해 인간은 열광과 절망을 하고 있다. 개발자들과 언론, 기업, 마케터들은 생성형 AI의 무한한 가능성에 열광하며, 이를 통해 인류의 미래가 어떻게 변화할지에 대한 긍정적인 전망을 제시한다. 이들은 생성형 AI가 일자리를 창출하고, 의료 발전과 교육 개선 등 다양한 분야에서 혁신을 가져올 것이라고 주장한다. 하지만 일부 언론과 노동자 그리고 전문직 종사자들과 창작자들은 생성형 AI의 발전이 인간의 삶과 사회에 미칠 부정적인 영향을 우려하며 오히려 생성형 AI가 인간의 일자리를 대체하고, 창작물의 독창성을 해치며, 개인의 사생활을 침해할 수 있다고 지적한다.

생성형 AI: 도구로서의 고민

이제 우리는 생성형 AI에 대한 지나친 열광과 절망을 지양하고, 도구로서 생성형 AI를 어떻게 사용할 것인가에 대한 고민이 필요하다. 단순한 도구로서의 동물뼈가 우주정거장이 되었듯이, 생성형 AI를 어떻게 사용할 것인가는 결국 인간 지혜의 영역이다. 인류의 지혜를 일깨우기 위해서는 본질적인 접근이 필요하다. 그것은 먼저 생각이란 무엇인가, 언어란 무엇인가, 커뮤니케이션이란 무엇인가를 이해하는 것이다. 생각은 인식과 이해의 내적 과정이며, 언어는 그 생각을 표현하는 수단이다. 그리고 커뮤니케이션은 생각을 언어를 사용해 이를 다른 사람과 공유하는 행위다.

생각이란 무엇인가

생각이란 무엇인가. 생각은 문제 해결의 과정이다. 문제의 인식에서 시작해 문제의 원인, 범위, 중요성을 파악하는 것으로 생각은 시작된다. 생각은 현재 상태와 목표 상태를 명확히 인식하는 것이며, 두 상태 간의 차이를 인지하는 것이다. 문제 해결이란 이러한 차이를 줄이거나 없애기 위한 구체적인 해결 방안을 모색하는 과정이다. 생각의 과정에서 이해를 위한 세부적인 질문과 답변을 통해 문제의 본질을 파악하고, 이를 바탕으로 효과적인 해결책을 도출하는 것이다. 생각의 과정에 필요한 것이 분석적인 사고다. 분석적인 사고란 문제를 세분화하고 체계적으로 분해해 각 부분을 논리적으로 이해하고 접근하는 과정이다. 논리적 구조를 기반으로 한 분석적인 사고는 문제의 본질을 깊이 이해하고, 효과적인 해결책을 찾아내는 데 도움이 된다. 분석적인 사고 과정에서 창의적 사고가 필수적인 역할을 한다. 창의적 사고란 기존 틀을 벗어나 새로운 아이디어를 창출하는 것을 의미하며, 이를 위해 자유로운 발상을 통해 독창적인 접근이 필요하다. 그러나 이러한 창의적 사고를 검증하기 위해 비판적인 사고가 필요하다. 이는 정보를 객관적으로 분석하고, 그 논리성과 타당성을 검증하는 데 기여한다. 문제해결을 위한 논리와 분석 그리고 창의와 비판적 사고는 최선의 의사 결정을 위한 일반적인 사고의 과정이다. 마지막 최선의 의사 결정을 위해 직관적인 사고가 중요하다. 직관적 사고는 경험에 기반하며 신속한 의사 결정을 가능하게 한다. 직관적인 사고에 의한 의사 결정은 단순히 선택의 문제를 넘어서, 그 선택이 가져올 결과를 예측하고, 이를 바탕으로 실행 계획을 세우는 과정이라 할 수 있다. 의사 결정 후 실행과 그 결과의 평가는 문제 해결 과정에서 중요한 단계다. 왜냐하면 실행 과정에서 나타나는 문제나 예상치 못한 상황에 대해 적절한 수정과 보완을 통해 대응할 수 있기 때문이다. 이것은 실행된 결과를 바탕으로 한 반성적 사고와 지속적인 개선을 추구하는 과정이라 할 수 있다(Williamson, D., 2010).

언어란 무엇인가

언어란 무엇인가. 언어는 생각의 도구다. 언어는 인간의 경험과 사고, 기억을 형성하고 매개하는 중요한 역할을 한다. 언어는 세상을 이해하고 범주화하는 데 필수적인 도구로, 우리가 경험을 해석하고 표현하는 방식에 영향을 미친다. 언어는 경험을 표현하고 구조화하는 데 필수적이며, 경험은 언어의 발달에 영향을 미친다. 경험은 단순히 수동적 수용이 아닌, 능동적인 선택과 해석 과정을 의미한다. 이는 개인의 생각의 차이가 경험의 차이를 만들어 내기 때문이다. 그리고 이러한 경험의 차이는 기억의 차이를 만들어 낸다. 사람이 기억하는 단계는 감각 기억, 단기 기억, 장기 기억의 세 가지로 나뉜다. 감각 기억은 감각 기관을 통해 정보를 받아들이는 초기 단계의 기억으로, 매우 짧은 시간 동안만 유지된다. 이후 정보는 단기 기억으로 이동하는데, 이는 제한된 용량을 가지고 있으며, 정보는 약 20초 정도 유지된다. 단기 기억에서 정보는 반복이나 연습을 통해 장기 기억으로 전환될 수 있으며, 장기 기억은 거의 무한한 용량을 가지고 수년간 유지될 수 있다. 장기 기억은 의미, 사실, 절차, 경험 등 다양한 유형의 정보를 포함하며, 이것이 이른바 의식과 무의식으로 존재하게 된다. 인간의 의식은 60조 개의 세포가 연결된 결과다. 마치 유선통신처럼 연결되어 형성된다고 볼 수 있다. 이러한 인간의 육체적 총합, 즉 두

뇌와 심장을 포함한 인간의 60조 개의 세포 전체가 마취 상태에서 인지 기능이 사라지는 현상은 인간의 의식이 연결의 결과라는 것을 유추할 수 있게 한다. 또한 이러한 의식의 연결은 양자역학의 양자얽힘 현상과도 비교될 수 있는데, 세포의 물리적 결합 외에 인간의 의식은 양자얽힘처럼 인간의 의식이 원자 단위로 연결되어 있음을 의미한다. 참고로 인간의 몸에는 다양한 크기의 전류가 존재하는데, 예를 들어 신경세포 간 전기 신호 전달 시 약 1～100마이크로암페어의 전류가 발생하고, 뇌 신경 세포들의 활동 전위가 모여 약 1～100마이크로볼트의 뇌 전압이 발생한다. 이러한 전자적 양자얽힘은 인간의 의식이 무선통신처럼 연결되어 있다고 볼 수 있는 것이다(Ellis, N., 2019).

커뮤니케이션이란 무엇인가

커뮤니케이션이란 언어로 무엇인가를 이해하는 것이다. 커뮤니케이션으로서의 언어는 언어적 커뮤니케이션과 비언어적 커뮤니케이션이 있다. 언어 커뮤니케이션은 인간이 의미를 전달하는 수단으로, 복잡한 개념과 생각을 표현할 수 있게 해 준다. 언어 커뮤니케이션에는 어휘, 문법, 발음 등의 다양한 요소가 포함된다. 그리고 비언어 커뮤니케이션은 언어를 사용하지 않고 의미를 전달하는 방법으로, 신체, 음성, 시각, 공간, 외모 등을 포함 한다. 비언어적 요소들은 상대방에게 감정, 태도, 성격을 표현하고 전달하는 데 중요한 역할을 하며, 때로는 언어보다 더 강력한 메시지를 전달할 수 있다. 효과적인 커뮤니케이션을 위해서는 메시지의 내용, 맥락, 수신자의 특성 등을 고려해 적절한 방식으로 메시지를 구성하는 것이 중요하다. 또한 커뮤니케이션은 양방향적인 과정이므로, 메시지를 주고받는 과정에서 서로의 반응과 피드백을 주목하고 이를 바탕으로 메시지를 조정하는 것도 필요하다. 메시지를 조정하는 것은 상호 간의 이해와 공감이 목표다. 그리고 이해와 공감은 결국 원활한 인간관계 형성과 유지, 발전에 필수적이다. 그리고 원활한 커뮤니케이션은 삶의 질 향상과 일의 효율 및 생산성 증가로 연결된다(Özçetin, B., 2023).

코딩이란

코딩(Coding)이라는 용어의 어원은 라틴어 '코덱스(codex)'에서 유래했다. 코덱스는 책이나 문서를 의미한다. 이후 컴퓨터 프로그래밍 분야에서 데이터를 표현하고 처리하는 일련의 과정을 '코딩'이라고 부르게 되었다.

코딩의 역사는 매우 오래되었다. 1840년대, 영국의 수학자 찰스 배비지가 '해석 기관(Analytical Engine)'이라는 최초의 프로그래밍 가능한 기계를 설계한 것이 코딩의 시작이라고 볼 수 있다. 이후 1936년 영국의 수학자 앨런 튜링이 '튜링 기계'라는 개념을 발표하면서 컴퓨터 프로그래밍의 이론적 기반이 마련되었다. 1940년대와 1950년대에는 에니악(ENIAC), 유니박(UNIVAC) 등의 최초의 전자 컴퓨터가 개발되었고, 이를 프로그래밍하기 위한 코딩 언어들이 등장하기 시작했다. 대표적인 초기 프로그래밍 언어로는 FORTRAN, COBOL, LISP 등이 있다. 1960년대와 1970년대에는 C, Pascal, Smalltalk 등의 고급 프로그래밍 언어가 개발되었고, 이를 통해 코딩 기술이 더욱 발전하게 되었다. 1980년대에는 마이크로프로세서의 등장으로 개인용 컴퓨터가 보편화되면서 코딩 기술이 대중화되었다.

오늘날 코딩은 소프트웨어 개발, 웹 프로그래밍, 모바일 앱 개발, 데이터 분석, 인공지능 등 다양한 분야에서 활용되고 있다. 사람이 이해하고 사용하는 언어(자연어)를 컴퓨터가 직접 처리하기 위해서는 자연어 처리 기술을 통해 디지털 언어로 변환되어야 한다. 이 과정이 바로 코딩이다. 코딩을 통해 만들어 진 프로그래밍 언어는 자

언어의 구조를 반영해 설계되었으며, 이를 통해 사람이 이해할 수 있는 형태로 컴퓨터와 소통할 수 있게 되었다. 프로그래밍 언어는 자연어의 문법, 구문, 어휘를 기반으로 하면서도 컴퓨터가 이해할 수 있는 엄격한 문법과 구문을 적용해 모호성을 최소화한다. 컴퓨터가 처리할 수 있는 디지털 언어, 즉 0과 1로 이루어진 이진 코드로 변환되어 컴퓨터 하드웨어에서 실행되는 것이다. 이 과정을 통해 비로소 사람과 컴퓨터 간의 의사소통이 가능해질 수 있다. 컴퓨터 프로그래밍을 위한 코딩은 인간의 언어 능력을 극대화했고 초거대언어모델(LLM)의 발명과 생성형 AI의 탄생은 자연어를 기반으로 한 인간과 기계와의 대화를 가능하게 만들었다. 특히 인터넷으로 대표되는 통신 기술의 발전은 인간의 언어와 지능의 연결을 강화했고, 이러한 언어와 지능의 연결은 인공지능이 인간의 언어를 더욱 이해하고, 더 나아가 인간과 같은 수준의 지능적 행위를 수행할 수 있는 능력을 갖추게 될 것으로 전망한다(Tan, J. et al., 2023).

인간과 기계의 대화

인간의 언어는 사람의 생각을 조직하고 표현하는 중요한 도구로서, 의사소통을 가능하게 한다. 인간의 언어는 커뮤니케이션의 핵심 수단으로, 정보 교환, 관계 형성, 그리고 협력의 기반을 제공한다. 인간의 언어(자연어)는 프로그래밍 언어를 통해, 추상적인 사고를 실행 가능한 코드로 변환해 인간의 생각을 컴퓨터와 소통하는 수단으로 변환한다. 프로그래밍 언어는 인간의 자연어와 유사한 구조를 가지고 있어, 인간의 논리적 사고와 문제 해결 능력을 디지털 세계로 효과적으로 전달할 수 있게 한다. 생성형 AI를 기반으로 한 멀티모달은 인간의 인지 과정과 기술 시스템에서 중요한 개념으로, 다양한 감각 양식 또는 정보 채널을 활용해 더욱 풍부하고 효과적인 상호작용과 정보 처리를 가능하게 한다. 사람의 경우, 생성형 AI의 멀티모달 정보 처리 방식은 사람에게는 일상적인 경험이다. 예를 들어 사람은 듣고(청각), 보고(시각), 만지는(촉각) 등 다양한 감각기관을 통해 정보를 통합적으로 처리하고 이를 통해 더욱 풍부하고 정확한 지각과 이해를 할 수 있다. 이에 비해 생성형 AI의 멀티모달 인터페이스는 음성 인식, 제스처 인식, 얼굴 인식 등 다양한 입력 채널을 통해 사용자와 상호작용하고 이를 통한 더욱 자연스럽고 효율적인 사용자 경험의 제공을 추구한다. 생성형 AI의 멀티모달은 언어와 비언어적 요소의 결합으로 인간과 기계의 커뮤니케이션에서 의미

전달을 강화하고, 인간과 유사한 커뮤니케이션 방식을 가능하게 한다. 이러한 방식은 인간과 기계 간의 상호작용을 더욱 자연스럽고 직관적으로 만들어 준다.

참고문헌

박준석(2018). 『세상을 만드는 글자, 코딩』. 동아시아.

Ellis, N.(2019). Essentials of a Theory of Language Cognition. *The Modern Language Journal.*

Özçetin, B.(2023). What's in a name? Defining communication and communication theory. *European Journal of Communication*, 38, 307 – 313.

Tan, J., et al.(2023). Collaborative dialogue patterns of pair programming and their impact on programming self-efficacy and coding performance. *British Journal of Educational Technology.*

Williamson, D.(2010). The Philosophy of Human Nature. *Teaching Philosophy*, 33, 231–233.

02
API 대 프롬프트 엔지니어링

API는 애플리케이션 간 상호작용을 돕는 인터페이스로, 구글 Maps, 트위터, 페이팔 등이 대표적이다. 프롬프트 엔지니어링은 AI 모델에 특정 과제를 지시하는 기술로, 문제 정의, 모델 분석, 템플릿 설계 등 단계로 구성된다. API와 프롬프트 엔지니어링은 시스템 연결과 지능형 시스템 구축에 중요하며, 특히 문화 콘텐츠에 적용된다. 프롬프트 설계는 명확하고 구체적인 질문으로 모델 성능을 극대화한다.

AI와 MBTI?

에이피아이(API)란

API는 애플리케이션 간 상호작용을 가능하게 하는 인터페이스로, 표준화된 프로토콜을 통해 시스템 간 통신을 보장한다. 주요 특징으로는 기능 노출, 개발 효율성 향상, 생태계 구축 등이 있으며, 이를 통해 개발자들은 기존 기능과 데이터를 재활용해 개발 시간과 비용을 절감할 수 있다. 대표적인 API 유형에는 웹 API, 모바일 API, 데이터베이스 API 등이 있다. 일반적인 예로 구글 Maps API는 웹사이트나 모바일 앱에 지도 서비스를 통합해 위치 검색, 길찾기, 거리 측정 기능을 제공한다. 트위터 API는 트윗 작성, 검색, 사용자 정보 가져오기 등 트위터 데이터를 활용할 수 있게 한다. 페이팔 API는 온라인 결제 처리 기능을 웹사이트나 앱에 통합해 결제 승인, 환불, 거래 내역 확인 등을 지원한다. 아마존 AWS API는 클라우드 컴퓨팅 서비스를 프로그래밍 방식으로 제어해 가상 머신 생성, 데이터베이스 관리, 스토리지 사용 등을 가능하게 한다. 각 API는 특정 기능을 제공해 개발자들이 다양한 서비스를 쉽게 통합하고 사용할 수 있도록 한다. 생성형 AI의 API 사례로 오픈AI(OpenAI) API는 GPT-3 기반으로 다양한 텍스트 작업을 지원하며, 앤스로픽(Anthropic) API는 윤리적 AI 원칙을 준수

하면서 텍스트와 코드 생성 기능을 제공한다. 미드저니(Midjourney) API는 텍스트 프롬프트로 예술적 이미지를 생성하고, 스테이블 디퓨전(Stable Diffusion) API는 사실적 이미지를 생성하는 오픈소스 기반 API다. 허깅페이스(Hugging Face) API는 텍스트, 이미지 생성 및 음성 합성 기능을 제공하며, 모델의 파인튜닝(fine-tuning)도 지원한다. API는 서로 다른 소프트웨어 시스템 간의 상호작용을 가능하게 하며 개발자들은 API를 통해 다른 시스템의 기능과 데이터에 접근할 수 있고, 자신들의 애플리케이션에 통합할 수 있다. 이를 통해 개발 시간을 단축하고 비용을 절감할 수 있다(Wilde, E., & Amundsen, M., 2019).

프롬프트 엔지니어링이란

프롬프트 엔지니어링은 인공지능 모델, 특히 언어 모델에 특정한 과제를 수행하도록 지시하는 기술이다. 생성형 AI 모델에 수행해야 할 작업과 그 방법을 명확히 지시하는 역할을 하고 생성형 AI의 반응을 조정하고 사용자의 요구에 부합하는 결과를 얻기 위한 방법론이다. 프롬프트를 잘 설계하면 생성형 AI 모델이 사용자의 의도를 정확하게 파악하고, 맥락에 맞는 결과를 생성함으로써 생성형 AI의 성능을 극대화할 수 있다. 적절한 길이의 프롬프트는 응답자가 지루해지지 않고, 필요한 정보를 제공받을 수 있도록 도와준다. 그래서 텍스트와 함께 컨텍스트를 제공하는 것도 중요하다. 이를 위한 단계별 질문은 복잡한 주제나 개념을 다룰 때 유용하다.

알고리즘이란

알고리즘은 문제 해결을 위한 절차적 지침을 말하며, 메커니즘은 그러한 알고리즘을 실현하기 위한 내부 구조와 과정을 의미한다. API 메커니즘은 인증, 권한 부여, 데이터 형식 변환, 오류 처리 등의 기능을 포함할 수 있다. 잘 설계된 API는 명확한 문서화와 함께 제공된다. 프롬프트 엔지니어링 알고리즘은 문제 정의, 모델 분석, 템플릿 설계, 파라미터 최적화, 테스트 및 평가, 반복 개선의 단계로 구성된다. 먼저 목표를 명확히 하고, 모델 특성을 이해한 후, 다양한 시나리오에 맞는 템플릿을 작성한다. 이후 각 요소를 최적화해 성능을 극대화하고, 테스트를 통해 결과를 분석해 개선점을 찾는다. 마지막으로 테스트 결과를 바탕으로 지속적으로 수정하고 개선한다. API 메커니즘은 소프트웨어 간 상호작용을 가능하게 하는 규칙과 프로토콜이며, 프롬프트 엔지니어링의 알고리즘은 생성형 AI 모델에 최적의 입력을 생성하는 절차라고 할 수 있다. 두 개념은 각각 시스템 간 연결과 지능형 시스템 구축에 중요한 역할을 한다(Bahrami et al., 2018).

API냐, 프롬프트 엔지니어링이냐

API와 프롬프트 엔지니어링은 인공지능 기술을 활용해 문제를 해결하는 두 가지 접근 방식이다. API는 시스템 간 상호 운용성을 높이고, 프롬프트 엔지니어링은 인공지능 모델의 성능을 향상시킨다. 생성형 AI의 API는 정치, 사회, 경제, 군사, 문화 등 다양한 분야에 접목되고 있으며, 이미지와 텍스트로 이루어진 문화 콘텐츠에도 다양하게 활용되고 있다. 이를 위해 해당 콘텐츠 분야의 전문성을 가진 프롬프트 엔지니어링이 필요하다.

프롬프트 엔지니어링의 중요성

프롬프트 엔지니어링은 생성형 AI 모델에 최적의 입력을 생성하는 과정으로, AI의 성능을 극대화하기 위해 명확성, 구체성, 적절한 길이 등의 전략을 활용한다. 이 과정은 사용자가 원하는 결과를 얻기 위해 입력 프롬프트를 설계하고 조정하는 절차를 포함하며, 단순히 생성형 AI API를 적용하는 것만으로는 전문성 있는 콘텐츠를 생성하기 어렵다. 전문성 있는 콘텐츠 생산을 위해 그 분야의 특성과 요구 사항을 반영한 프롬프트 엔지니어링이 선행되어야 하며, 이를 통해 생성형 AI의 성능을 극대화하고 전문성 있는 콘텐츠를 생성할 수 있다. 이를 통해 프롬프트 엔지니어링은 자연어 처리 기술의 발전에 큰 영향을 미치게 된다.

프롬프트 설계

프롬프트 설계는 명확하고 구체적인 질문을 통해 모델이 답변할 수 있도록 해야 하며, 문맥 제공과 목표 및 의도 명시가 중요하다. 시스템 메시지, 사용자 메시지, 모델 메시지를 포함한 프롬프트 구조는 일관성 유지와 중요 정보 강조를 필요로 한다. 프롬프트 작성의 핵심은 명확하고 간결하게 표현하는 것이며, 관련 키워드와 컨텍스트를 사용해 생성형 AI의 출력을 원하는 방향으로 유도해야 한다. 첫 시도에서 완벽한 결과를 기대하지 말고, 반복적으로 프롬프트를 개선해 시도해야 한다. 예제나 데모를 사용해 원하는 출력을 명확히 제시하는 것도 중요하다. 프롬프트 엔지니어링에서는 명확성, 구체성, 문맥 이해, 창의성 장려, 편향 최소화, 반복 가능성, 지속적 개선이 필수 요소다.

다음 표는 프롬프트 설계를 표로 정리한 것이다.

기법	설명
질문하기	1차 문제제기
페르소나/역할	생성형 AI가 특정 역할을 수행하며 답변하는 방식
목표 정의	프롬프트로 달성하려는 목표나 질문
입력 데이터	프롬프트에 포함될 구체적인 입력 데이터, 정보
문맥 제공	모델이 더 나은 응답을 제공할 수 있도록 추가적인 문맥 제공(배경, 목적, 필요)
명령어 및 형식 지정	모델의 응답 형식을 지정하거나 명령어로 모델에 지침 전달
세부 사항 추가	프롬프트에 구체적인 정보와 상황을 추가해 모델의 이해도를 높임
감성 표현	프롬프트에 감정, 태도, 어조 등을 포함시켜 원하는 톤의 출력을 유도
구조화	프롬프트를 논리적이고 체계적인 형태로 구성해 모델의 이해도와 일관성 향상
여러 문장 활용	단일 문장이 아닌 여러 문장으로 된 프롬프트를 사용해 복잡한 맥락 전달
메타 지침	프롬프트에 모델의 행동 방식이나 출력 형식에 대한 지침을 포함
예시 제공	프롬프트에 원하는 출력의 예시를 포함해 모델의 이해를 돕기
제한 조건	모델이 따를 제한 조건이나 금지어 지정
토큰 제한	프롬프트의 토큰 수를 제한해 모델의 메모리 사용량을 최적화
다중 프롬프트	여러 개의 프롬프트를 조합하여 출력을 생성하는 방식 활용
응답 평가 기준	생성된 응답의 평가 기준이나 검증 방법

참고문헌

Bahrami, M., et al.(2018). API Learning: Applying Machine Learning to Manage the Rise of API Economy. *Companion proceedings of the web conference 2018.*

Wilde, E., & Amundsen, M.(2019). The Challenge of API Management: API Strategies for Decentralized API Landscapes. *Companion proceedings of the 2019 world wide web conference.*

03
글쓰기의 구조

글쓰기는 스토리와 스테이트먼트로 나뉘며,
각각 서사와 설명/설득의 구조를 갖는다.
스토리는 세계관, 캐릭터, 플롯으로 구성되고,
스테이트먼트는 도입, 서론, 본론, 결론, 적용의
구조로 설명적 또는 설득적 글쓰기에 사용된다.

AI와 난임 극복?

스토리와 스테이트먼트

글쓰기에는 스토리와 스테이트먼트가 있다. 스토리는 세계관, 캐릭터, 플롯으로 구성되며, 캐릭터와 플롯으로 이루어진 서사로 3막, 4막 또는 5막 구조의 플롯으로 작성하는 글쓰기다. 반면에 스테이트먼트는 도입, 서론, 본론, 결론, 적용의 구조로 작성하는 설명적 또는 설득적 글쓰기를 말한다. 스테이트먼트는 글쓰기에 효과적인 구조를 제공한다. 첫째, 도입 단계는 독자의 관심을 끌기 위한 단계이며, 글의 시작 부분에서 주제에 대한 흥미를 유발하는 데 중점을 둔다. 둘째 단계인 서론에서는 글의 주제를 소개하며, 독자가 글의 방향성을 이해할 수 있도록 돕는다. 셋째, 본론 단계에서는 주제에 대한 심층 분석과 논의가 이루어지며, 독자에게 깊은 이해와 통찰을 제공한다. 넷째, 결론 단계에서는 글의 주요 포인트를 요약하고, 주제에 대한 최종적인 결론을 도출한다. 마지막 단계인 적용에서는 주제를 실제 상황에 어떻게 적용할 수 있는지를 탐구한다.

스테이트먼트의 구조와 단계

이 장에서는 설득적, 설명적, 서사적 글쓰기에 스테이트먼트의 구조와 단계를 적용해 각각의 설득적 글쓰기, 설명적 글쓰기, 서사적 글쓰기 유형을 효과적으로 구성하는 방법을 제시한다. 부연하자면 설득적 글쓰기에서는 독자의 관심을 끌고, 주장을 명확히 하며, 근거를 제시해 독자를 설득하는 과정에 대해, 설명적 글쓰기에서는 복잡한 개념이나 사실을 명료하게 설명해 독자의 이해를 돕는 것에 대해, 그리고 서사적 글쓰기에서는 이야기를 통해 어떻게 메시지를 전달하며, 갈등의 소개, 발전, 클라이맥스, 해결 등의 단계를 포함해 어떻게 독자의 몰입을 유도하는지에 대해 소개한다. 또한 글쓰기의 구조와 구성에 더해, 다양한 문체를 통해 작가의 의도와 메시지를 어떻게 전달할 것인가에 대해서도 소개한다. 이를 위해 여섯 가지 문체에 대해 부연하자면, 이지적 문체는 논리적이고 체계적인 정보 전달에 초점을 맞추며, 감성적 문체는 독자의 감정을 자극해 깊은 공감을 이끌어 낸다. 섬세한 문체는 미묘한 감정이나 상황을 세밀하게 묘사하는 데 탁월하며, 유려한 문체는 매끄럽고 우아한 표현으로 독자의 마음을 사로잡는다. 담백한 문체는 직설적이고 간결한 표현으로 복잡함 없이 메시지를 전달하는 반면, 시적 문체는 언어의 리듬과 음악성을 활용해 강렬한 이미지와 감정을 전달한다. 시적 문체 내에서도 압축적인 시적 문체는 간결하면서도 강렬한 메시지 전달에 중점을 두고, 상징적인 시적 문체는 상징과 은유를 통해 다층적인 의미를 탐구한다.

구조적 글쓰기와 생성형 AI

글쓰기의 구조와 구성 그리고 문체를 통해 작가는 자신의 목적에 맞는 글쓰기 전략을 세울 수 있으며, 독자는 글의 목적과 구조를 더욱 명확하게 이해할 수 있다. 그리고 문체를 통해 작가가 독자에게 전하고자 하는 메시지를 구체적으로 전달하며, 작가와 독자 간에 효과적인 커뮤니케이션을 이룰 수 있다. 이러한 관점에서 생성형 AI는 구조적 글쓰기 과정에서 일정한 역할을 할 수 있으며, 이를 위해 다양한 생성형 AI를 도구로 활용할 수 있다. 생성형 AI 도구를 활용하면 글쓰기 초안 작성에서부터 최종 검토 및 수정에 이르기까지 효율적이며 생산적으로 진행할 수 있다. 특히 생성형 AI의 고질적인 문제라 할 수 있는 '할루시네이션', 즉 부정확한 정보나 상상된 내용이 포함되는 문제를 해결하는 데 구조적 글쓰기라는 접근법은 큰 도움이 된다.

글은 단어, 문장, 단락으로 구성되며, 글쓰기의 기본은 생각하기다. 한 문장에는 하나의 이야기만 담아야 한다. 주제문은 관련 영역의 경계를 정하는 핵심어를 포함하고 있어야 하며, 글 전체가 다룰 내용을 포괄할 정도로 일반적이되 어느 정도는 제한적으로 글의 방향을 제시하고, 독자가 글의 핵심을 쉽게 이해할 수 있도록 도울 수 있어야 한다. 이러한 주제문을 중심으로 전개되는 하나의 단락은 같은 내용의 이야기와 같은 성격의 문장으로 이루어져야 한다. 단락은 글의 구조를 명확히 하고, 각 단락은 주제문을 중심으로 전개된다. 주제문은 독자가 글의 전체적인 흐름을 파악하는 데 중요한 역할을 하며, 단락 내 문장들은 주제문을 보완하고 구체화하는 역할을 한다. 주제문과 단락의 조화는 글의 논리적 흐름을 유지하고, 독자가 글의 내용을 쉽게 이해할 수 있도록 돕는다. 따라서 글쓰기에서 주제문과 단락의 역할은 매우 중요하며, 이를 잘 활용하는 것이 좋은 글을 쓰는 데 필수적이다.

단계적 글쓰기와 생성형 AI

설득적 글쓰기와 설명적 글쓰기의 도입과 서론의 단계에서 독자의 관심을 끌기 위한 핵심어가 필요하다. 이 핵심어를 중심으로 독자의 관심을 끌기 위한 주제문장을 만들어야 하고 이를 바탕으로 다수의 문장들로 이루어진 단락을 만든다. 이렇게 만들어진 단락은 논리적 순서에 따라 대단락과 소단락으로 구분할 수 있다. 특히 독자의 관심을 끌기 위한 주제문장을 만들때, 독자의 관심을 효과적으로 끌 수 있고 작가의 의도와 메세지를 직간접적으로 전달할 수 있는 문체를 사용할 수 있다.

이러한 구조적, 단계적 접근을 할 때, 작가는 생성형 AI를 유용하게 사용할 수 있다. 생성형 AI를 사용하는 과정에서 프롬프트 엔지니어링의 중요성이 여기에 있다. 프롬프트 엔지니어링의 일반적인 원리가 있지만 그 원리를 응용하고 활용하는 것은 사용자의 정확하고 구체적인 의도다. 글쓰기에서 생성형 AI의 사용에 실패하는 원인은 사용자 스스로가 프롬프트 엔지니어링을 위한 구체적이고 정확한 의도를 프롬프트 엔지니어링에 적용하지 못하기 때문이다.

설득적 글쓰기와 설명적 글쓰기의 본론의 단계에서는 주장을 명확히 하며, 근거를 제시해 독자를 설득하고 복잡한 개념이나 사실을 명료하게 설명해 독자의 이해를 도와야 하는데, 이를 위한 여러 개의 단락을 만들 수 있다. 본론의 첫 단락은 주장의 핵심어를 중심으로 한 주제문장과 설명 및 근거의 문장 그리고 분석과 해석의 문장으로 구성할 수 있다. 이런 내용으로 단락을 만들고 이를 논리적 구조로 설계해 몇 개의 단락, 즉 대단락과 소단락으로 구성된 본론을 만들 수 있다. 또한 복잡한 개념이나 사실을 명료하게 설명하는 핵심어를 중심으로 한 주제 문장 그리고 단락을 만들 수 있다. 본론의 설명과 주장 그리고 근거의 문장을 위한 문체를 작가의 의도에 맞게 적절하게 선택해서 작성한다. 이 과정에서 주장에 대한 자료 조사, 자료를 주장으로 만들기 위한 프롬프트 엔지니어링을 본론 글쓰기를 위해 활용할 수 있다.

설득적 글쓰기의 결론과 적용의 단계에서는 요약, 최종 분석, 종합, 추가 제언의 단락 등으로 구성된다. 요약 단락은 전체 글의 핵심어를 중심으로 한 주제문장, 이를 바탕으로 한 단락으로 완성된다. 특히나 생성형 AI의 요약 기능은 유용하다. 생성형 AI를 통해 전체 글의 핵심 내용을 간결하게 다듬을 수 있고 작가는 이를 검수하는 역할을 할 수 있다. 최종 분석 단락은 강조해야 할 주요 논점에 대한 핵심어를 중심으로 각각의 논점에 대한 주제문을 만들고 이를 하나의 단락으로 완성한다. 이를 통해 독자가 전체 글을 쉽게 이해할 수 있도록 한다. 생성형 AI는 요약과 아울러 분석에도 유용하다.

그 밖에 종합과 추가 제언은 작가의 선택 사항이다. 결론과 적용의 단락에서도 작가는 단락의 성격에 맞게 문체를 적절하게 선택해 문장을 완성할 수 있다. 문체의 경우, 글 전체의 일관성을 유지할 수도 있고, 글의 구조상 단락별로 성격에 맞게 다양한 문체를 구사할 수도 있다.

단계별 구조적 글쓰기와 생성형 AI

서사적 글쓰기는 스토리의 구조와 스테이트먼트의 구조가 결합된 하이브리드 글쓰기다. 스토리가 가지고 있는 감성과 스테이트먼트가 가지고 있는 이성의 장점을 이용한 글쓰기다.

서사적 글쓰기의 도입과 서론의 단계에서는 주제어를 중심으로 한 이야기로 시작한다. 작가는 이 주제어를 중심으로 3막 구조의 단락을 만들어야 한다. 즉 1막의 단락, 2막의 단락, 3막의 단락을 만드는 것이다. 그리고 각 단락의 문장은 스토리에 대한 설명글, 즉 트리트먼트 형태로 만든다. 따라서 각 단락에는 적절하게 지문의 일부와 대사의 일부가 주제문장으로 만들어진다. 문장의 문체는 독자의 감정과 공감을 끌어낼 수 있는 감성적인 문체, 미묘한 감정과 상황을 세밀하게 묘사하는 섬세한 문체, 언어의 리듬과 음악성을 활용해 강렬한 이미지와 감정을 전달하는 시적인 문체가 좋다. 생성형 AI는 이러한 하나의 스토리를 만들고 이를 다듬고 재구성하는 데 유용하다. 작가의 의도와 계획이 분명하고 구체적일수록 생성형 AI를 활용한 서사적 글쓰기의 프롬프트 엔지니어링은 구체적일 수 있다.

설득적 글쓰기와 설명적 글쓰기의 본론의 단계에서는 단락을 구성할 때 스테이트먼트 단락과 스토리 단락을 혼용해서 쓸 수 있다. 예를 들어, 스테이트먼트 단락-스토리 단락-스테이트먼트 단락으로 구성할 수 있다. 먼저 스테이트먼트 단락에서는 핵심어를 중심으로 주제문을 통해 글의 논지를 환기한다. 특히 논리 구조를 통해 스테이트먼트 단락을 대단락과 소단락으로 나눠 정교화하면 좋다. 스테이트먼트 단락은 스토리 단락과 달리 논리적이고 체계적인 정보 전달에 초점을 맞춘 이지적 문체를 사용하면 좋다. 스테이트먼트 단락을 통해 논리적 설명을 한 후, 그다음으로 스토리 단락을 통해 감성적 설득을 한다. 스토리 단락은 스토리의 4막 구조나 5막 구조의 대단락, 소단락으로 정교화하면 좋다. 예를 들어, 기(起) 단락을 발단의 단락으로, 승(承)을 대단락으로 해서 전개의 소단락과 위기의 소단락으로, 전(轉)의 단락을 절정의 단락으로, 마지막으로 결(結)의 단락을 결말의 단락으로 구조화한다. 이렇게 스토리라는 형식으로 갈등의 소개, 발전, 클라이맥스, 해결 등의 단계를 포함해 독자의 몰입을 유도해 글의 핵심 메시지를 감성적으로 전달한다. 이를 위해서는 감성적이거나 섬세, 유려, 담백, 시적(상징, 압축)인 문체를 통해 작가의 의도와 메시지를 전달하는 것이 좋다. 생성형 AI는 이러한 서사적 글쓰기를 위해 각 단락의 구조화와 구성에 필요한 스토리의 소재, 구성, 문체를 만드는 과정에서 작가로 하여금 적절한 프롬프트 엔지니어링을 하는 영감을 주고 실제적인 역할을 한다.

글쓰기의 본질과 생성형 AI

글쓰기는 다양한 목적과 방식으로 사용되는 강력한 의사소통 도구이자 우리의 생각을 효과적으로 전달하는 중요한 수단이다. 우리는 우리의 생각을 전달하고, 이야기를 나누고, 정보를 제공하고, 심지어 다른 사람들을 설득하기 위해 글을 쓸 수 있다. 따라서 글쓰기의 기본은 생각하기에서 시작하며, 이를 체계적으로 구조화하는 것이 중요하다. 효과적인 글쓰기를 위해서는 먼저 기본적인 글쓰기 형식을 이해해야 한다. 글쓰기는 크게 스토리와 스테이트먼트라는 두 유형으로 나눌 수 있으며, 각각의 특성과 구조를 이해하는 것이 효과적인 글쓰기의 첫걸음이다. 스토리는 스토리의 3요소인 세계관, 캐릭터, 플롯을 중심으로 구성되며, 3막 구조, 4막 구조, 5막 구조 등 다양한 플롯 구조를 따른다. 반면, 스테이트먼트는 도입, 서론, 본론, 결론, 적용의 구조로 이루어진 설명적, 설득적, 서사적 글쓰기 방식을 의미한다.

04
스토리란 무엇인가

스토리 창작의 3요소는 세계관, 캐릭터, 플롯이다. 세계관은 시각적 흥미를, 캐릭터는 욕망과 결핍을 통해 주제를 전달하며, 플롯은 감정선과 갈등 곡선으로 구성된다. 생성형 AI와 인간의 창의성 결합은 새로운 스토리 창작 지평을 열며, 이를 위해서는 효과적인 프롬프트 엔지니어링 기법이 필요하다. 인간은 AI가 생성한 내용을 검토, 수정해 독창적이고 완성도 높은 콘텐츠를 창조할 수 있다.

AI와 사주?

스토리의 3요소

스토리의 3요소가 있다. 세계관, 캐릭터, 플롯이 그것이다. 먼저 세계관이라 함은 소재에 해당한다. 그것은 재미를 주는 요소다. 우리가 재미를 느끼는 방식에는 여러 가지가 있지만 재미는 주로 시각적인 요소를 통해 경험하게 된다. 세계관은 시각적으로 사람들에게 대상에 대한 흥미와 호기심을 불러일으키고 이를 통해 재미를 느끼게 한다. 그리고 캐릭터가 어떤 욕망을 가지고 있고 어떤 결핍을 가지고 있느냐를 스토리에서는 주제라고 한다. 그리고 그 주제를 통해서 독자들은 공감 혹은 감동 또는 자극과 카타르시스를 경험한다. 플롯은 쉽게 말해 감정선이다. 그리고 갈등곡선이다. 보통 플롯에 대해 이야기할 때 흔히 3막 구조, 4막 구조, 5막 구조 식으로 이야기하는데 공통점은 다들 상승과 하강의 곡선을 그린다는 것이다. 플롯의 곡선이 점점 올라간다는 것은 갈등이 점점 고조된다는 것이고 곡선이 점점 내려간다는 것은 갈등이 해소된다는 것이다. 그래서 위기 단계에서 갈등이 심화되고 절정을 지나 갈등이 해소되는 것이다. 감정선이라는 관점에서도 마찬가지다. 이것은 즉 캐릭터의 욕망 결핍이 점점 증가하다가 어느 시점에서 그 욕망 결핍이 완전히 해소되면 갈등, 감정 곡선이 내려가는 것

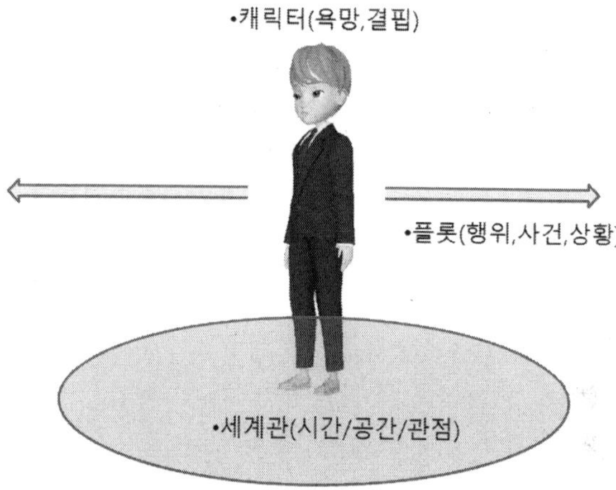

그림 4-1 스토리의 3요소(출처: "웹소설 20자에서 5000자까지" 김학수 저, 소시오게임즈)

이다.

플롯의 중심이 되는 캐릭터의 욕망 결핍을 자세히 살펴보자면 외적 욕망 외적 결핍, 내적 욕망 내적 결핍으로 구분할 수 있는데 스크루지의 플롯을 3막 구조로 예를 들어 보자면, 1막에서 스크루지는 구두쇠로서 다른 사람에게 인색하고 물욕이 굉장히 많은 모습으로 그려진다. 이러한 스크루지의 외적 욕망은 사실 사람들한테 존중받고 인정받고 사랑받고 싶어 하는 내적 욕망에서 기인한다. 그래서 스크루지의 욕망은 '외적으로 돈이 많아야 사람들이 나를 존중할 거야', '돈이 많아야 나를 사랑해 줄 거야'라는 외적 욕망으로 나타난 것이다. 하지만 2막에서 크리스마스의 유령, 즉 옛날 스크루지의 친구들이 유령이 돼서 나타나 스크루지의 과거와 현재와 미래를 보여 준다. 이로 인해 스크루지는 갈등을 한다. 그리고 3막에서 스크루지의 변화된 외적 욕망, 내적 욕망을 보여 준다. 이전에 인색한 모습에서 사람들에게 친절을 베풀고 자선을 하는 것들이 결국 내가 사랑받고 인정받고 존중받는 것이라는 점을 깨닫게 되는 것이다. 그리고 이런 욕망의 변화 해소를 우리는 이야기의 주제, 메시지라고 한다.

스토리와 생성형 AI

생성형 AI와 스토리의 결합은 스토리 창작의 새로운 지평을 열고 있다. 생성형 AI의 창작 능력과 인간의 창의성이 결합될 때, 더욱 풍부하고 다양한 스토리가 생성될 수 있다. 생성형 AI를 활용한 스토리 창작은 기술의 발전에 따라 계속해서 진화할 것이며, 이 과정에서 AI의 역할과 인간과의 관계에 대한 깊은 이해와 성찰이 요구된다. 이를 위한 효과적인 프롬프트 엔지니어링 기법에는 집중적이고 구체적인 프롬프트 디자인, 스토리 구조 및 요소의 활용, 창의성과 균형, 그리고 반복적인 개선이 포함된다. 생성형 AI를 활용한 스토리 창작은 인간의 전문성을 결합함으로써 더욱 풍부하고 다층적인 이야기를 창출할 수 있으며, 이는 스토리 창작의 새로운 지평을 열어 갈 수 있는 기회를 제공한다.

생성형 AI를 활용한 스토리 창작

생성형 AI를 활용한 이야기 창작 과정은 주제 선택, 키워드 입력, 주제 및 플롯 설정으로 구성된다. 우선, 역사, 판타지, 로맨스, SF 등 다양한 장르 중에서 이야기의 주제를 결정한다. 이후, 선택한 주제에 부합하는 키워드를 입력해 생성형 AI가 이를 기반으로 스토리를 만들어 내게 한다. 키워드는 여러 개를 입력할 수 있으며, 이를 통해 다채로운 이야기를 생성할 수 있다. 마지막으로, 스토리의 주제, 장르, 분위기 등을 생성형 AI에 설명하고, 핵심 줄거리나 중심 갈등을 제시해 생성형 AI가 스토리를 이해하고 구성할 수 있도록 한다.

이 과정을 통해 작가는 생성형 AI의 도움으로 자신만의 이야기를 쉽게 만들어 낼 수 있다. 특히 캐릭터 및 배경 생성 과정에서, 작가는 주요 인물들의 성격, 외모, 배경을 상세하게 입력해, 생성형 AI가 해당 정보를 정확하게 이해하고 처리할 수 있도록 한다. 이 과정은 캐릭터들이 가진 독특한 특성과 그들의 상호작용이 이야기에 어떻게 영향을 미치는지를 결정하는 데 중요하다. 또한, 이야기가 전개될 시간적, 공간적 배경도 세심하게 설명해 이야기의 세계관을 구축한다. 이는 이야기의 분위기와 설정에 깊이를 더하고, 독자가 이야기 속 세계에 더 몰입할 수 있게 만드는 핵심 요소다. 따라서, 캐릭터와 배경을 생성하는 과정은 이야기의 질과 독자의 경험을 향상시키는 데 필수적인 단계로, 작가와 생성형 AI 사이의 긴밀한 협력을 통해 이루어진다.

원고의 창작 과정은 크게 이야기 전개 방향 설정, 에피소드 전개 및 대화 생성, 결말 작성의 세 단계로 나뉜다. 첫 단계에서는 생성된 이야기를 바탕으로 전개 방향을 정하고, 필요한 내용을 추가하거나 삭제한다. 둘째 단계에서는 AI를 활용해 가능한 사건을 예측하고, 이를 기반으로 에피소드와 대화를 발전시키며, 필요한 수정과 보완을 진행한다. 마지막 단계에서는 이야기의 마무리를 위해 적절한 결말을 찾아내고, 이를 통해 스토리를 완성시킨다. 이 과정은 작가가 이야기의 구조를 이해하고, 생성형 AI의 도움을 받아 풍부하고 매력적인 스토리를 만들어 나가는 데 필수적이다. 이 과정을 통해 작가는 이야기의 흐름을 제어하고, 독자가 몰입할 수 있는 작품을 창조할 수 있다.

생성형 AI가 생성한 이야기나 콘텐츠는 완벽하지 않을 수 있으므로, 작가는 이를 꼼꼼히 검토하고 수정해야 한다. 문법 오류나 문맥상의 어색함을 바로잡는 것은 물론, 전체적인 문맥과 흐름을 개선해 이야기를 더 자연스럽고 읽기 쉽게 만드는 과정이 필요하다. 이 과정에서 문체의 일관성을 유지하고, 사건의 전개가 논리적이며, 캐릭터의 성격이 일관되게 표현되도록 세심한 주의를 기울여야 한다. 또한, 생성형 AI가 제시한 내용을 바탕으로 작가의 창의성을 더해 새로운 아이디어를 추가하거나, 기존 내용을 더욱 풍부하게 확장하는 작업도 중요하다. 이러한 수정 및 보완 과정을 통해 생성형 AI가 생성한 원본 콘텐츠는 더욱 완성도 높고 독창적인 작품으로 거듭날 수 있다. 결국, 생성형 AI와 인간의 협력을 통해 최종적으로 독자에게 제공되는 이야기나 콘텐츠의 품질을 높이는 것이 목표다.

05
창작의 패러다임

생성형 AI에 대한 편향된 시각은 맹종과 적대시라는 문제를 일으킬 수 있다. 이로 인해 인간은 비판 능력이 저하되고 잘못된 결정을 내릴 수 있으며, 정보의 다양성 부족과 에코 챔버 현상이 일어날 수 있다. 인간은 생성형 AI의 한계와 특성을 인식하고 다양한 관점을 고려하는 태도가 필요하다. 생성형 AI는 인간의 반복 작업을 대체해 창의적 일에 집중할 수 있게 하므로 생성형 AI에 대한 균형적 시각을 갖기 위해서는 생성형 AI에 대한 교육과 인식 개선, 포용적 논의가 필요하다.

AI와 아이돌?

생성형 AI에 대한 올바른 태도

작가들은 종종 생성형 AI를 인간처럼 여기거나 자신의 생각을 AI 반응에서 찾으려는 경향이 있으며, 이는 과도한 의인화나 동일시로 이어질 수 있다. 이러한 경향은 비판 능력 저하와 잘못된 결정으로 이어질 위험을 증가시킨다. 또한, 작가가 AI를 통해 얻은 정보나 의견을 객관적 사실로 받아들이는 거울 효과는 정보의 다양성 부족과 에코 챔버 현상을 초래한다. 이는 작가가 자신의 관점만을 강화하고 다른 관점을 고려하지 않게 만든다. 생성형 AI의 한계와 특성을 인식하고 비판적으로 바라보며 다양한 관점을 고려하는 태도가 필요하다.

반면, 생성형 AI를 적대시하거나 맹종하는 태도도 문제를 일으킬 수 있다. 균형 잡힌 시각과 책임감 있는 사용 방법 모색이 필요하다. 생성형 AI에 대한 적대감은 기술 발전을 저해하고 사회적 갈등을 유발할 수 있다. 따라서 생성형 AI에 대한 두려움과 오해를 줄이기 위해 교육과 인식 개선, 포용적 논의가 필요하다.

생성형 AI에 대한 올바른 인식

작가가 생성형 AI를 인간처럼 여기거나 자신의 생각을 AI 반응에서 찾으려는 경향은 AI와의 상호작용에서 자연스럽게 발생할 수 있다. 이는 때때로 작가가 생성형 AI의 응답을 과도하게 신뢰하거나, 자신의 의견이 생성형 AI에 반영된 것으로 잘못 믿게 만들 수 있으며, 이로 인한 생성형 AI에 대한 과도한 의인화나 동일시는 바람직하지 않다.

생성형 AI를 인간처럼 인식하고 대하는 경향을 의인화와 거울 효과라 한다. 이러한 경향은 생성형 AI에 대한 과도한 신뢰와 비판 능력의 저하를 가져오며, 작가가 생성형 AI를 통해 제공받는 정보나 의견을 객관적인 사실로 받아들일 위험을 증가시킨다. 이는 결과적으로, 잘못된 결정이나 판단으로 이어질 수 있다. 또한, 작가가 자신의 생각이나 믿음을 생성형 AI의 응답에서 찾아내려는 거울 효과는 정보의 다양성 부족으로 이어지고, 이는 에코 챔버 현상을 초래해 작가가 자신의 관점만을 강화하고 다른 관점을 고려하지 않게 만든다. 이러한 문제들은 생성형 AI의 한계와 특성을 인식하고, 생성형 AI 기술의 발전과 함께 작가가 생성형 AI를 보다 비판적으로 바라보고, 다양한 관점을 고려하는 태도가 필요함을 시사한다.

생성형 AI를 적대시하거나 비판 없이 맹종하는 태도도 역시 문제를 일으킬 수 있다. 첫째, 맹종은 작가가 생성형 AI가 제공하는 정보나 조언을 비판적 사고 없이 무조건적으로 신뢰하며 따르는 것을 의미한다. 이러한 태도는 생성형 AI의 오류나 편향을 간과하게 만들고, 결국 잘못된 판단이나 결정으로 이어질 수 있다.

둘째, 적대시는 생성형 AI를 인간의 경쟁자나 인간에 대한 위협으로 보고, 이에 대한 거부감이나 파괴 욕구를 가지는 경향을 말한다. 이는 생성형 AI의 발전을 방해하고, 인간과 생성형 AI 간의 긍정적 상호작용을 저해할 수 있다. 맹목적 신뢰는 생성형 AI의 한계와 오류 가능성을 인식하지 못하게 하며, 적대적 태도는 생성형 AI의 잠재력을 충분히 활용하지 못하게 만든다. 이 두 가지 태도는 생성형 AI와 작가의 관계의 균형과 발전에 중요한 영향을 미치며, 생성형 AI를 대하는 작가의 접근 방식에 신중함을 요구한다. 생성형 AI는 인간이 통제 가능한 도구로 남아야 하며, 생성형 AI가 점점 더 정교해지고 우리 삶에 긍정적인 영향을 미칠 수 있는 잠재력을 지니고 있음을 인식해야 한다. 이러한 관점에서 생성형 AI와 상호작용을 할 때는 균형 잡힌 시각을 유지하고, 생성형 AI를 효과적이면서도 책임감 있게 사용하는 방법을 모색해야 한다. 일부는 생성형 AI가 일자리를 빼앗고 저작권을 침해할 것이라며 적대시하지만, 이는 기술 발전에 대한 지나친 비관론일 뿐이다. 생성형 AI는 반복 작업을 대체해 인간이 창의적인 일에 집중할 수 있게 하며, 오히려 생성형 AI에 대한 적대감은 기술 발전을 저해하고 사회적 갈등을 유발할 수 있다. 이에 따라 생성형 AI에 대한 두려움과 오해는 비현실적 규제를 초래하며, 혁신과 경제적 손실을 야기할 수 있다. 그러므로 생성형 AI에 대한 적대감을 줄이기 위해서는 교육과 인식 개선, 포용적 논의, 현실적 접근이 필요하다.

06
스토리 프롬프트 엔지니어링 작성법

생성형 AI는 시놉시스와 원고 쓰기 단계에서 작가를 지원해 정교한 시놉시스와 체계적인 원고를 작성하도록 돕는다. 시놉시스 단계에서는 스토리 아이디어, 로그라인, 기본 줄거리, 24블록 트리트먼트, 캐릭터 설계, 관계도 등의 작업을 효율적으로 진행할 수 있다. 원고 쓰기 단계에서는 대사와 지문 작성에서 생성형 AI의 도움을 받아 작품의 생동감과 몰입감을 높일 수 있다. 이러한 생성형 AI의 활용은 창작 과정의 효율성과 작품의 질을 향상시키는 데 기여한다.

AI와 야구?

시놉시스 단계별 창작 과정과 생성형 AI

생성형 AI는 스토리텔링과 창작 과정에 혁신을 가져온다. 아이디어 창출에서부터 캐릭터 설정, 플롯 구성, 대사 및 지문 작성에 이르기까지 다양한 단계에서 활용된다. 이를 통해 작가는 캐릭터의 외모, 성격, 배경 이야기를 정교하게 구성하고, 기본 줄거리를 24블록 트리트먼트로 나누어 체계적으로 스토리를 개발할 수 있다. 또한, 생성형 AI를 통해 대사 아이디어와 문장 표현 방법을 제안 받으며, 캐릭터 간의 관계도를 시각적으로 표현해 이야기의 깊이를 더할 수 있다.

생성형 AI는 독창적인 스토리 창작을 지원하며, 설득력 있는 대화 작성, 캐릭터 개발, 자연스러운 대화 만들기 등을 가능하게 한다. 생성형 AI를 활용한 아이디어 생성은 주제, 장르, 분위기 등을 입력해 다양한 아이디어를 제안하는 과정이다. 이 과정에서는 브레인스토밍, 마인드맵, 키워드 리스트 사용, 상상력을 자극하는 질문 활용, 다양한 참고 자료를 통한 영감 얻기 등의 방법을 통해 아이디어를 탐색한다. 주제와 관련된 키워드를 입력해 아이디어를 생성한 후, 여러 아이디어 중에서 가장 매력적인 것을 선택해 로그라인을 작성한다.

로그라인에 대한 개념 정의와 창작 방식은 다양하다.

저자는 로그라인을 세계관, 캐릭터, 플롯의 조합으로 이루어진 한 줄의 스토리라고 정의한다. 특히 이 세계관, 캐릭터, 플롯을 한 줄의 문장으로 만들고 이해하기 위해서는 세계관을 형용사, 캐릭터를 명사, 그리고 플롯을 동사로 이해하면 된다. 즉 로그라인은 형용사+명사+동사로 이루어진 한 줄의 문장이다. 로그라인 작성은 스토리의 본질을 한 문장으로 압축하는 과정이다. 이 과정에서 주인공의 정체성, 그들이 직면하는 주요 갈등, 그들이 추구하는 목표가 명확히 드러나야 한다. 로그라인은 작품의 주제와 주요 사건을 포함해야 하며, 이야기의 핵심을 짧게 요약한 문장으로, 독자나 관객이 이 이야기가 어떤 내용인지 이해할 수 있도록 만드는 역할을 한다. 이 과정은 스토리텔링의 핵심 요소인 주인공, 목표, 장애물, 그리고 주요 행동을 포함해 이야기의 전체적인 흐름과 갈등의 본질을 간결하게 전달해야 한다. 로그라인 작성은 스토리의 방향성을 설정하고, 이야기를 구성하는 데서 중요한 출발점이 된다. 생성형 AI를 활용한 로그라인 생성은 다양한 시도와 수정을 통해 가장 강력하고 매력적인 문장을 찾아내는 과정이며, 이는 작품의 성공에 결정적인 요소가 될 수 있다.

로그라인과 기본 줄거리에 생성형 AI 적용

20자 남짓의 로그라인을 어떻게 확장할 것인가. 그 시작은 기본 줄거리에 있다. 기본 줄거리는 5막 구조가 좋다. 발단에서 이야기는 시간과 공간, 관점의 세계관을 창조해야 한다. 그리고 주인공의 외적 욕망 결핍과 내적 욕망 결핍에 대해 소개한다. 그리고 모든 일의 발단이 되는 사건의 시작이 만들어져야 한다. 그다음으로 전개에서는 주인공 캐릭터가 주인공과 적대 관계에 있는 새로운 인물을 만나게 된다. 여기에서 플롯은 작은 갈등으로 시작해서 주인공과 주변 인물의 서사를 보여 주어야 한다. 다음 위기에서는 플롯에서 사건이 심화되는 메인 사건이 시작되며, 절정에서는 주인공 캐릭터가 이전 사건을 기반으로 가장 큰 사건에 대해 정점을 찍고 내적, 외적으로 변화를 겪는다. 마지막 결말 단계에서는 달라진 주인공의 모습을 보여 주는데, 이는 최종적으로 주인공 캐릭터의 욕망 결핍 트라우마의 해소를 말하며 이것이 전체 스토리의 핵심 메시지인 것이다.

24블록 트리트먼트에 생성형 AI 적용

기본 줄거리를 완성하면, 그다음으로 24블록 트리트먼트를 만든다. 트리트먼트 창작에 대한 다양한 개념과 방식이 있다. 하지만 트리트먼트란 결국 스토리에 대한 설명글이다. 24블록 트리트먼트란 3막 구조를 5막 구조로, 5막 구조를 다시 4막 구조로, 그리고 그 4막 구조를 24개의 블록으로 나눠 각 블록의 의미와 기능에 따라 기본 줄거리의 내용을 확장하는 방식이다.

먼저 1막의 1번 오프닝이벤트 블록은 세계관 소개에 해당하는 블록으로, 사건을 통해서 전체 스토리에 대해 이야기할 수 있다. 글쓰기에서 당장 돌입해야 되는 부분은 아니다. 후에 다른 블록에서 진행되는 흥미진진하고 드라마틱한 부분을 이 1번 오프닝 이벤트 블록에 넣을 수 있다. 그리고 2번 주인공의 소개(1) 블록은 프로타고니스트라 불리는, 주인공의 소개에 해당하는 블록이다. 그다음인 3번 주인공의 소개(2) 블록은 2번 블록과 마찬가지로 프로타고니스트라 불린다. 2번 블록에서 다 소개하지 못했던 주된 주인공을 소개하는 블록이라 할 수 있겠다. 4번 도입 이벤트 블록은 주인공의 욕망과 결핍, 트라우마에 대해 인지를 하는 계기와 사건이 벌어지는 블록이다. 5번 후유증 블록은 주인공이 갈등하는 욕망과 결핍, 트라우마를 해결해야 할지 말아야 할지 고민하며 멘토가 등장하는 블록이다. 6번 후유증의 해소 블록은 주인공이 욕망과 결핍, 트라우마에 대해 단념을 하는 대목이다.

2막의 7번 시작점 블록은 앞서 주인공이 가진 욕망과 결핍, 트라우마를 인지했고 단념하는 분위기였으나, 욕망과 결핍, 트라우마를 해결하고 말 것이라는 결심을 하고 실행에 옮기는 시작점이다. 8번 자격시험 / B-Story 블록은 주인공이 가진 욕망과 결핍, 트라우마를 해결할 것이라는 자격과 능력이 되는지 테스트하는 블록이다. 특히 B-Story에서는 주인공과 협력하는 조력자가 등장하거나 주인공의 연인 같은 서브 캐릭터와 로맨스가 시작된다. 9번 악마의 발톱 블록에서는 최종 빌런인 안타고니스트의 부하로 콘타고니스트가 등장한다. 콘타고니스트는 주인공을 도발하고 자극한다. 10번 조력자들의 합류 블록에서는 콘타고니스트와 싸우면 조력자가 나타나 주인공을 도와주고 합류한다. 11번 콘타고니스트와의 투쟁 블록은 적극적으로 콘타고니스트와 싸우고 투쟁하는 블록이다. 12번 위기와 좌절 블록은 콘타고니스트와 싸움에서 질 수도 있겠으나, 보통은 주인공이 작은 승리에 도취되어 주인공의 자만과 오판으로 조력자들이 주인공을 오해하고 떠나는 내용의 블록이다.

3막의 13번 전환점 블록은 주인공의 자만과 오판으로 주변 조력자들이 떠났음을 주인공이 깨닫고, 주인공의 반성으로 전환점이 되는 부분이다. 14번 악마의 정체 블록에서는 안타고니스트가 등장한다. 15번 B-Story 급진전 블록은 반성한 주인공에게 조력자들이 다시 찾아오고 서로 화해하며, 남주나 여주가 서로 소원함이 있었다면 오해를 풀고 더 가까워지는 단계라 할 수 있다. 16번 전면투쟁(1) 블록과 17번 전면투쟁(2) 블록은 안타고니스트와 본격적인 싸움의 블록이다. 18번 더 큰 위기와 좌절 블록에서는 안타고니스트에게 패배한다.

마지막으로 4막의 19번 피크점 블록에서는 주인공이 각성을 통한 분노의 힘으로 다시 일어난다. 20번 결사항전 블록은 분노의 힘으로 각성한 주인공이 벌이는 결사항전의 내용이다. 21번 최악의 위기 블록은 주인공이 죽을 정도의 위기를 맞이하는 내용이다. 22번 보상과 축복 블록은 치열한 전쟁 끝에 조력자들이 나타나 주인공과 함께하고 전쟁의 반전이나 상황이 반전되는 내용을 보여 준다. 23번 결말 블록은 악당(안타고니스트)과 싸워서 이기고 모두에게 평화가 찾아오는 내용이다. 최종적으로 24번 에필로그 블록은 주인공과 주변의 인물들이 각자의 일상으로 돌아가는 것을 설명해 주는 내용이자 다음 시즌을 예고하는 장면이 될 수도 있다.

24블록 트리트먼트는 스토리텔링의 효과적인 구조화

방법으로, 이 접근법은 스토리의 흐름과 전환점을 명확하게 파악하고, 각 장면의 등장인물, 배경, 사건, 갈등 요소를 구체적으로 명시함으로써 작품의 세부 사항을 깊이 있게 다루는 데 도움을 준다. 이 방식은 스토리의 각 부분을 명확히 하고, 작가가 효율적으로 스토리를 계획하고 조정할 수 있도록 도와, 강력하고 매력적인 이야기를 창조하는 데 기여한다.

캐릭터 설계에 생성형 AI 적용

캐릭터 설계는 스토리의 핵심 요소로, 각 인물의 성격, 배경, 목표 등을 심층적으로 구성한다. 이 과정에서 주인공은 분명한 목표와 동기, 결점을 지니며 매력적으로 설정된다. 조연들은 스토리에 깊이와 갈등을 추가하는 중요한 역할을 수행한다. 캐릭터들의 과거 경험과 성격 형성 과정은 그들의 행동과 선택에 영향을 미치며, 이를 통해 독자는 캐릭터에 공감하고 그들을 이해할 수 있다.

캐릭터 설계를 위한 캐릭터 설계표가 있다. 캐릭터 설계표에는 "역할"이라는 항목 외에도 "성격과 특징" 항목, "욕망/결핍(키워드)" 항목, "트라우마 사전" 항목－남주, 여주" , "캐릭터 사전" 항목, "성별/나이" 항목, "이미지 캐스팅" 항목, "캐릭터 이름" 항목, "인물 유형 8개" 항목,

"주인공 캐릭터의 연대기 작성" 항목, "추가 줄거리 및 에피소드" 항목이 있다.

각 항목을 설명하자면, "성격과 특징" 항목은 기본 줄거리와 24블록 트리트먼트를 만들다 보면 직관적으로 스토리에 등장하는 캐릭터들에 대한 대략적인 성격과 특징을 알게 되는데 이를 항목에다 간략하게 단어나 한 문장으로 기입하는 것이다. 그리고 "욕망/결핍(키워드)" 항목은 주인공 캐릭터에 해당되는 항목으로 스토리의 핵심 주제를 상징한다. 주인공의 욕망 결핍이 이야기를 이끌어 가는 엔진이고 결말의 주제, 메시지이기 때문이다. "트라우마 사전" 항목 역시 주인공 캐릭터에 해당되는 항목으로 이야기의 가속 엔진 같은 역할을 한다. 예를 들어 "복수" 같은 것이다.

"트라우마 사전" 항목의 내부적인 내용은 『트라우마 사전』이라는 책의 내용을 참고했다. "배신에 대한 트라우마", "범죄 피해에 대한 트라우마", "사회적 부정의와 개인적 고난에 대한 트라우마", "실패와 실수에 대한 트라우마", "어린 시절 특정한 상처에 대한 트라우마", "예기치 못한 불상사에 대한 트라우마", "장애와 미관 손상에 대한 트라우마" 등이 있는데, 책을 구입해 참고해도 좋고 이 7개의 키워드를 중심으로 질문을 만들어 생성형

AI에게 물어보는 것도 효과적인 방법일 것이다.

"캐릭터 사전" 항목은 "성격과 특징" 항목에서 간략하게 적은 내용을 구체화하는 항목이다. 캐릭터 사전은 16개의 남성형 캐릭터와 16개의 여성형 캐릭터로 구성되어 있다. 32개의 캐릭터는 그리스 · 로마 신화의 남신과 여신의 이름으로 각각 유형화되어 있으며 각각의 캐릭터를 장점과 단점 형식으로 설명하고 각 캐릭터를 상징할 수 있는 키워드로 세분화하였다. 캐릭터를 설계할 때 남성 캐릭터는 16개의 남성형 캐릭터 중에서, 여성 캐릭터는 16개의 여성형 캐릭터 중에서 각 캐릭터의 "성격과 특징"에 유사한 캐릭터를 직관적으로 찾아 "캐릭터 사전" 열의 해당 행에 입력을 하면 된다.

캐릭터 설계표에서 "성격과 특징" 항목, "욕망/결핍(키워드)" 항목, "트라우마 사전" 항목 , "캐릭터 사전" 항목을 완성하다 보면 캐릭터에 대한 대략적인 윤곽이 보인다. 이를 바탕으로 해당 캐릭터의 "성별/나이" 항목에 창작자는 적당한 성별과 나이를 입력한다. 이때 해당 항목에 있는 콤보박스를 사용하면 좋다. 그리고 그렇게 항목별로 작성하다 보면 과거에 자신이 보았던 영화나 드라마, 웹툰, 웹소설 등에서 유사해 보이는 캐릭터가 연상이 될 것이다. 그 캐릭터의 이름이나 역할을 "이미지 캐스팅" 항목에 입력하면 된다. 그렇게 입력한 캐릭터의 이름은 "캐릭터 이름" 항목에서 캐릭터의 이름을 지을 때 "이미지 캐스팅" 항목에 입력한 이름을 변형해서 사용할 수 있다.

"인물 유형 8개" 항목은 다수의 캐릭터를 주인공과 적대 캐릭터를 중심으로 정리하고 캐릭터 관계도를 그릴 때 유용하게 사용하기 위해 입력한다. 인물 유형은 "주인공", "전령", "멘토", "관문 수호자/시험관", "어둠/악당", "배신자", "동맹", "어릿광대" 로 총 8개다. 캐릭터 설계표를 통해 20개가 넘는 캐릭터를 만든다 할지라도 결국 이 8개의 카테고리 안에 수렴된다. 그리고 "주인공 캐릭터의 연대기 작성" 항목은 이야기 속의 주인공 나이 전과 후를 만들어 보는 것이다. 이를 통해 주인공을 입체화하고 주인공에 대한 추가 줄거리와 에피소드를 만들 수 있다.

마지막으로 "추가 줄거리 및 에피소드" 항목이 있다. 각 캐릭터에 대한 추가 줄거리와 캐릭터별 에피소드를 넣는다. 매화 5,000자의 웹소설 원고를 만들기 위해, 200화 완결을 위한 100만 자 원고를 위해 "24블록 트리트먼트"와 "캐릭터 설계표"는 굉장히 중요한 스토리 데이터베이스로 작동한다. 특히 캐릭터 설계표의 각 항목을 작성할 때는 생성형 AI를 아주 유용하게 활용할 수 있다. 그중에서 "추가 줄거리 및 에피소드" 항목을 작성할 때 생성형 AI는 아주 유용하다.

캐릭터 간의 관계도는 이들이 어떻게 상호작용하며 각자의 목표를 추구하는지를 보여 주는 중요한 도구다. 생성형 AI를 활용하면 캐릭터 간 다양한 상호작용과 그에 따른 발전 가능성을 탐색할 수 있으며, 이는 스토리의 풍부함과 다층성을 더하는 데 크게 기여한다. 그리고 관계도를 통해 캐릭터를 입체적으로 느낄 수 있으면 각 캐릭터 간의 관계를 통해 더욱 구체적인 스토리를 상상할 수 있다. 특히 이야기 내에서 중요한 역할을 하는 인물들 사이의 관계를 도식화함으로써 스토리 진행에서 예측 가능한 요소와 놀라운 반전을 파악할 수 있게 해 준다. 생성형 AI를 활용한 관계도 작성은 스토리의 효율성을 높이고, 작가가 캐릭터들 사이의 복잡한 관계와 그 발전 가능성을 탐색하는 데 유용한 도구가 된다. 이러한 과정을 통해, 스토리의 갈등 구조를 더 명확히 이해하고 캐릭터들 사이의 다양한 관계를 효과적으로 전달할 수 있다.

원고 쓰기에 생성형 AI 적용

대사와 지문 작성 과정은 트리트먼트와 캐릭터 설계에

기반해 이루어진다. 이 과정에서 생성형 AI는 실제 대화와 서술 지문을 생성하며, 작가는 AI 초고에 대해 문체, 톤, 분위기를 고려해 필요한 수정을 진행한다. 작성된 대사는 캐릭터의 성격과 감정을 반영해야 하며, 지문은 상황과 분위기를 명확히 전달하는 역할을 한다. 이러한 과정을 통해 작품의 내용은 더욱 구체화되며, 각 캐릭터의 대사와 지문을 통해 이야기는 생동감을 얻고, 독자에게 강한 인상을 남길 수 있다. 따라서 대사와 지문 작성은 필력을 결정짓는 중요한 단계로, 세심한 주의와 깊은 이해를 요구한다.

대사 작성은 캐릭터의 개성과 이야기 진행을 반영하는 중요한 요소다. 대사는 이야기에 생동감을 불어넣고, 캐릭터를 더욱 입체적으로 만드는 역할을 한다.

지문 작성은 스토리의 깊이와 풍부함을 더해 준다. 구체적인 캐릭터의 행동과 감정 상태, 그리고 장면의 배경과 분위기를 상세히 묘사함으로써, 독자들이 마치 이야기 속에 직접 들어와 있는 듯한 몰입감을 경험하게 한다. 생성형 AI와 작가의 협업은 이러한 과정을 더욱 풍부하고 효율적으로 만들어, 시놉시스와 원고 작성을 한 단계 끌어올릴 수 있는 강력한 수단이 된다.

07
웹소설 200화, 100만 자 글쓰기, 웹소설 유료 작가 되기

필자는 생성형 AI를 통해 세계관, 캐릭터, 플롯을 기반으로 한 매력적인 소재와 주제, 로그라인을 찾고, 로그라인을 바탕으로 5막 구조의 기본 줄거리를 생성형 AI로 대량 생성하고 24블록 트리트먼트를 빠르게 완성했다. 또한, 생성형 AI를 활용해 구체적이고 입체적인 캐릭터를 설계하고 관계도를 작성했고 이를 통해 5시간 만에 시놉시스를 완성해, 8주 만에 200화, 100만 자 분량의 원고를 완결했다.

AI와 윤동주?

창작의 고통과 그 해결책

필자는 15년 차 스토리 전문가로, 지난 10년간 스토리텔링 집단 창작과 5년간 웹소설 집단 창작을 통해 창작의 특이점을 경험하고, 창작 프로세스의 고도화를 이뤄 냈다. 이 과정에서 필자는 창작 프로세스의 최적화를 위해 끊임없이 노력해 왔으며, 그 가운데 창작의 특이점을 경험했다. 최근 생성형 AI와 개인 창작 프로세스의 접목은 필자에게 새로운 터닝포인트라 할 수 있다. 이 장에서는 필자의 10년간의 스토리텔링 집단 창작과 5년간의 웹소설 집단 창작 경험을 바탕으로 한, 메가라이터스쿨이라는 웹소설 창작 프로세스에 대해 이야기하고자 한다.

개인이 웹소설을 창작하는 과정은 인내와 고통의 과정이다. "무조건 하루 5,000자씩 써야 하는데 힘드네요", "매주 1만5,000자씩 과제를 내는 게 고역이네요", "취미가 일이 되니 흥미가 사라졌어요" 등 개인 창작의 어려움을 호소하는 이야기를 자주 볼 수 있다. 10여 년 전 웹소설 플랫폼이 우후죽순 생기면서, 웹소설의 진입 장벽은 많이 낮아졌다. 이제는 누구나 웹소설 작가가 될 수 있고, 심지어 중학생도 웹소설 작가에 도전하는 실정이다.

웹소설 작가들은 보통 5,000자 안팎의 분량으로 웹소설 한 화를 쓴다. 이 경우, 한 달간 쓰면 15만 자인데, 이는 웬만한 순문학 단편 또는 중편 소설 분량에 해당한다. 웹소설은 보통 1년 안에 약 200회 완결로 연재된다. 그래서 신입 웹소설 작가가 도전하기에는 만만치 않은 분량이다. 그래서 실제로 신입 웹소설 작가들 중에는 재미가 없다는 이유로 몇 개월 동안 쓴 작품을 스스로 접기도 하고 또는 중간에 체력이 떨어져 연재를 포기하기도 한다. 무엇보다 빠르게 변하는 웹소설 트렌드를 따라잡는 일도 만만치 않기에, 요즘 유행하는 작품을 계속 읽지 않으면 그마저도 흐름에 뒤처지기 십상이다. 그럼에도 심지어는 신입 웹소설 작가들 중에는 최근 유명 작품을 읽지도 않고 글부터 쓰려고 하는 경우도 있는 실정이다.

하지만 문제는 여기서 끝나지 않는다. 설령 웹소설 작가로 데뷔하더라도 유명 웹소설 작가로 살아남는 건 훨씬 더 어렵다. 현재 웹소설 연재 플랫폼인 카카오페이지에는 이미 4,000개 이상의 작품들이 올라와 있고 이 중에 500개 작품이 연재되고 있으며 인기가 높아진 만큼 경쟁도 치열하다. 웹소설 작가의 개인 창작의 일상도 꿈만 같지는 않다. 혼자서 구상, 집필, 퇴고하느라 하루 10시간 이상 컴퓨터 앞에 앉아 있는 작가들이 적지 않기 때문이다. 이로 인해 소위 직업병인 목, 허리 디스크에 시달리는 이들도 적지 않다.

웹소설 창작에서 집단 창작은 집단지성을 통한 다양한 아이디어와 관점이 모여 창의적이고 전문성이 있는 작품을 만들 수 있고, 스토리의 대량 생산을 가능하게 한다. 또한 집단 창작은 개인과 개인 간의 수평적인 관계와 합리적이고 효율적인 규칙을 통해, 신속한 의사 결정과 최선의 결정과 최고의 결과가 가능하다. 필자는 웹소설과 집단 창작의 결합을 통해 스토리 창작의 세분화를 만들어 내었다.

필자는 최근 등장한 생성형 AI를 세분화된 창작 프로세스에 접목하며 또 한 번의 특이점을 맞았다. 10년 동안 집단 창작을 하며, 집단 창작의 대중화와 일반화에 앞장서 왔지만, 개인의 성공이 최고의 목표인 자본주의 경쟁사회에서는 개인의 성과가 제일 중요한 목표임이 자명한 사실이다. 이에 생성형 AI를 활용한 개인 창작의 비약적인 생산성은 일반적인 작가를 넘어선 수퍼 작가를 가능하게 했다. 아직은 과도기이다 보니 생성형 AI에 대한 과도한 기대나 과도한 부정이 있지만, 분명한 것은 생성형 AI를 접목하기 위해서는 개발자나 마케터의 일반적인 접근이 아니라 특정 분야의 전문가가 자기 분야의 이해도를 바탕으로 생성형 AI를 자신의 분야에 적절하게 접목해야 한다는 것이다. 그래서 생성형 AI로 소설을 쓴다고 할 때는 스토리 전문가의 깊은 이해도를 바탕으로 정밀하게 생성형 AI를 창작의 매 단계에 적용해야 할루시네이션이 없는 스토리를 만들 수 있는 것이다.

웹소설은 비유하자면, 예쁜 그릇에 담긴 맛있는 음식과 같다. 보기 좋은 떡이 맛있다고 예쁜 그릇에 담긴 음식은 보는 이로 하여금 식욕을 돋운다. 하지만 음식을 먹어 보고 그 음식이 맛이 없으면 다시는 그 음식을 먹지 않는다. 여기서 그릇은 시놉시스이고, 음식은 원고다. 웹소설에서 시놉시스는 필요조건이다. 그리고 원고는 충분조건이다. 결국 원고가 중요하다. 하지만 시놉시스가 필요하다.

메가라이터스쿨의 생성형 AI를 활용한 웹소설 창작 프로세스는 크게 시놉시스 창작과 원고 쓰기 단계로 나뉜다.

생성형 AI로 5시간 만에 시놉시스 완성

작가의 세계에서 시놉시스의 개념과 정의는 다양하다. 하지만 저자는 오랜 창작의 경험을 통해 시놉시스의 핵심 사항을 정리할 수 있었다. 시놉시스는 스토리 아이디어, 로그라인, 기본 줄거리, 24블록 트리트먼트, 캐릭터 설계, 관계도로 이루어진다. 이 여섯 가지를 일목요연하게 정리한 것이 시놉시스 표다. 그리고 이 6단계 각각에 생성형 AI를 접목해 각 단계의 결과물을 만드는 것이 창작의 노하우다. 많은 경우, 사람들은 스토리를 쉽고 단순하게 생각한다. 마치 우리가 영화나 드라마를 보듯이 스토리를 보는 것이 흔하다. 하지만 영화나 드라마를 만드는 것이 얼마나 복잡하며 많은 노력과 시간이 드는지 전문가들은 알 것이다. 그렇다. 스토리는 스토리 전문가가 만드는 것이다. 그래서 스토리 전문가의 관점에서 이 6단계를 하나씩 설명하자면, 스토리 아이디어 단계는 웹소설의 소재와 주제를 찾는 것이다. 재미있는 웹소설, 이를 위한 소재, 감동적인 웹소설, 이를 위한 주제, 그래서 스토리 아이디어는 스토리의 3요소를 기반으로 한다. 세계관 스토리 아이디어, 캐릭터 스토리 아이디어, 플롯 스토리 아이디어, 이 세 가지의 스토리 아이디어를 찾는 것이 시놉시스의 시작이다. 저자는 오랫동안 집단 창작의 경험과 노하우로 축적한 스토리 아이디어 콤보박스 템플릿이 있다. 이 템플릿으로 매력적인 소재와 주제의 스토리 아이디어를 얻을 수 있다. 그뿐만 아니라 스토리 아이디어 콤보박스 템플릿을 활용하여 생성형 AI에 프롬프팅을 하면 집단 창작에 못지않은 다양한 소재와 주제를 뽑아낼 수 있다.

둘째 단계가 로그라인이다. 로그라인은 개념과 정의는 명확하다. 로그라인은 세계관과 캐릭터 그리고 플롯으로 조합이 된 한 줄의 스토리다. 앞서 스토리 아이디어 단계에서 도출한 아이디어를 19가지의 플롯 유형을 선택적으로 적용해 로그라인을 만드는 것이다. 이를 위한 로그라인 템플릿이 로그라인 작성을 쉽고 빠르게 작성할 수 있게 하며, 이렇게 작성한 로그라인을, 스토리 프롬프트 엔지니어링으로 생성형 AI를 활용하면 더 많은 다양한 로그라인을 수백 개 만들어 낼 수 있다.

셋째 단계인 기본 줄거리는 로그라인을 확장하는 단계다. 플롯의 형식으로 기본 줄거리를 만드는데, 5막 구조인 발단-전개-위기-절정-결말의 형식으로 기본 줄거리를 만든다. 로그라인은 문장의 길이에 따라 5막 구조에서 한두 개의 막이 빠진 형태의 플롯을 가지고 있다. 이러한 로그라인을 작가의 상상력과 창의력으로 유추라는 과정을 통해 5막 구조의 기본 줄거리로 완성하는 것이다. 역시 필자의 오랜 경험과 노하우로 만든 기본 줄거리 템플릿으로 기본 줄거리를 작성하면 빠르게 기본 줄거리를 완성할 수 있다. 그뿐만 아니라 기본 줄거리를 만들면서 떠오르는 아이디어와 질문으로 스토리 프롬프트를 만들어 생성형 AI에 적용하면 대량의 기본 줄거리와 최고의 기본 줄거리를 만들어 낼 수 있다.

넷째 단계가 24블록 트리트먼트 단계다. 트리트먼트란 스토리에 대한 설명글이다. 기본 줄거리라는 반 페이지 분량을 수 페이지에서 수십 페이지 분량으로, 더 정확하게는 3,000개 이상의 씬을 만들어 내는 것이 24블록 트리트먼트 단계다. 먼저 필자가 만든 24블록 트리트먼트 템플릿에 기본 줄거리를 4막 구조로 만들어 24개의 블록에 나눠서 채운다. 그리고 24개의 블록을 그 블록의 의미와 기능에 맞게 기본 줄거리의 내용을 쪼개어 내용을 만든다. 예를 들어 기본 줄거리 1막의 내용 중, 2번 블록 주인공 소개(1)에 의미와 기능에 맞는 스토리 설명 글을 해당 블록에 채운다. 그렇게 전체 블록을 채운 후, 이제 각 블록에 스토리 설명 글을 생성형 AI를 활용해 씬을 만든다. 그런 과정을 통해 전체 3,000개 이상의 씬을 만들어 낼 수 있다.

다섯째 단계는 캐릭터 설계 단계다. 필자는 수강생들에게 늘 강조한다. "모든 스토리에는 캐릭터가 있고, 모든 캐릭터는 스토리가 있다"라고 말한다. 24블록 트리트먼트가 완성이 되면 거기에서 캐릭터 리스트업을 한다. 그렇게 뽑아낸 캐릭터를 필자가 만든 캐릭터 설계표 템플릿에 입력을 한다. 그리고 캐릭터 설계표에 있는 항목들을 채운다. 항목들을 모두 채우면 기본 줄거리와 스토리 설명 글에서 막연했던 캐릭터들이 구체적이고 입체적인 캐릭터로 살아난다. 이때도 역시 생성형 AI는 유용하다. 캐릭터 설계표의 각 항목들은 작가에게 구체적인 스토리 프롬프트를 지시하고 있다. 그래서 생성형 AI에게 적절한 프롬프트를 입력해서 최적의 결과를 도출할 수 있다. 이것이 스토리 프롬프트 엔지니어링이다. 그렇게 캐릭터 설계표가 완성되면 마지막으로 캐릭터 관계도를 그린다. 캐릭터 관계도는 전체 수십 명의 캐릭터를 한눈에 파악할 수 있는 효과가 있으며 이를 통해 새로운 스토리를 뽑아낼 수 있다.

이렇게 모든 단계가 끝나면 이것을 일목요연하게 볼 수 있는 올인원 시놉시스표를 완성하게 된다. 시놉시스는 원고 쓰기를 위한 로드맵이며 지도다. 시놉시스는 원고 쓰기를 위한 필요조건이며 향후, 작품 투고를 할 경우에도 유용한 자료가 된다. 필자의 경험상 이렇게 시놉시스 작업을 할 경우, 5시간 이내에 시놉시스를 완성할 수 있다.

1년 원고 쓰기를 생성형 AI로 2개월 만에 완성

다음은 한 시간 내에 웹소설 1화 5,000자 원고를 생성형

AI와 스토리 프롬프트 엔지니어링을 통해 만드는 고속 창작 기법에 대해 소개하겠다. 원고의 핵심은 "필력"이다. 필자는 "필력"을 "스토리스키마"라 부른다. 매화 5,000자의 원고를 만들때 작가는 그래서 전략이 필요하다. 웹소설 원고를 200화 완결까지 쓰기 위해서는 필자가 만든 올인원 퍼스펙티브 템플릿이 필요하다. 올인원 퍼스펙티브 템플릿에는 로그라인에서 캐릭터 관계도까지 시놉시스에 대한 정보를 하이퍼링크를 통해 한눈에 볼 수 있다. 또한 원고 폴더에 저장된 프롤로그화부터 200화까지 원고 템플릿의 링크를 병렬로 연결해서 작가는 전체 원고에 대한 내용과 화별 개연성, 떡밥과 회수 등을 자유롭게 설정할 수 있다. 무엇보다 작가는 24블록 트리트먼트와 캐릭터 설계표 그리고 캐릭터 관계도를 바탕으로 막힘 없는 글감으로 100만 자의 웹소설 원고를 만들 수 있다.

카카오 조판 형식으로 만든 웹소설 원고 템플릿으로 웹소설 원고 5,000자의 대사와 지문을 만드는 방식은 다음과 같다. 먼저 24블록 트리트먼트 기준으로 에피소드의 범위를 정한다. 이 에피소드는 몇 화에서 몇십 화로 설정할 수 있다. 그리고 하나의 에피소드안에 있는 블록과 그 블록 안에는 씬들을 각 화별로 배분한다. 그리고

한 화에 배분된 씬을 한 화의 원고를 위해 3막 구조로 나눈다. 각 막으로 나눠진 씬들을 그대로 대사와 지문으로 만들거나 추가 씬을 만든다. 초고를 위해 생성형 AI를 활용한다. 한 화에 해당되는 씬 혹은 트리트먼트(스토리 설명 글)을 대사와 지문 생성을 위한 프롬프트로 만든다. 이것이 대사와 지문을 위한 스토리 프롬프트 엔지니어링이다. 필자의 경험상, 한 화의 대사와 지문을 만들기 위해 약 100개의 씬이 필요하며 생성형 AI로 씬을 만들다 보면, 이 중에 중복되는 씬이 발생한다. 원인은 생성형 AI의 할루시네이션 때문이다. 그래서 원고를 만들 때 이러한 단계적인 접근 전략이 필요한 것이다. 중복되는 씬들을 정리하고 씬과 씬 사이의 개연성을 만들고 대사와 지문 사이의 개연성을 만들면 비로소 5,000자 분량의 원고 초고가 나온다.

작가들 사이에서도 "초고는 쓰레기다"라는 말이 있다. 의미인즉 퇴고를 통해 글이 완성된다는 반어적 의미다. 당연히 초고는 다듬는 과정이 필요하다. 그것이 퇴고이고 버전업이며, 이를 통해 작가의 필력이 만들어진다. 일각에서는 100% 생성형 AI에 의존해 글을 쓰는 경우가 있다. 심지어는 "자동 글쓰기"에 심취한 사람들도 있다. 그러나 필력의 핵심은 개연성과 핍진성이다. 개연성과 핍진성은 기계가 만들어 낼 수 없다. 이유는 할루시네이션 때문이다. 필자는 글쓰기에 사람과 기계의 역할 비율이 7대 3이라고 본다. 100% 생성형 AI로 글을 쓴다는 것은 판타지에 불과하다. 앞서 말한 것처럼 5,000자 원고 초고를 만들때 생성형 AI를 보조 도구로 활용하면 빨리 쓰고 많이 쓸 수 있다. 그리고 잘 쓰는 것은 사람의 몫이다. 5,000자 원고를 쓰는데, 100% 사람이 쓸 때 보통 3시간 이상이 걸린다. 심지어는 하루 종일 한 화를 못 쓰는 경우도 있다. 그러나 필자의 경험상 생성형 AI를 활용해 원고를 쓸 때, 한 화에 1시간 30분에서 1시간 정도 소요되었다. 그리고 숙련도가 올라가면 1시간 이하로 원고 작업의 속도가 올라간다.

참고문헌

https://cafe.naver.com/webnovelassociation/57

08
생성형 AI에 대한 오해와 진실

생성형 AI는 신뢰할 만한 정보 출처를 통해 오류를 수정하고, 학생 맞춤형 학습 계획 제공, 자동 채점, 몰입형 학습 환경 조성 등으로 학습 효과를 높인다. 예술 창작에 새로운 아이디어를 제공하며, AI 관련 새로운 직업도 증가하고 있다. 모든 연령대가 AI 기술을 습득하도록 교육과 재교육 프로그램이 필요하며, 정부는 디지털 격차 해소 정책을 추진해야 한다.

AI와 한의학?

정보의 신뢰성을 어떻게 검증할 것인가

생성형 AI의 정보 출처 확인은 필수다. 신뢰할 만한 기관, 전문가, 공식 사이트의 정보인지 검토해야 한다. 웹사이트라면 신뢰성을 평가하고, 학술 논문이라면 학술지의 명성과 편집 과정을 확인한다. 여러 출처에서 동일한 정보를 교차 검증하고, 전문가 의견을 참고한다. 생성형 AI의 정보는 인간이 직접 검토해 오류나 편견을 수정해야 한다. 최신 정보인지 확인하고, 논리적 일관성을 평가하며, 비판적 사고로 검증해야 한다. 우리는 생성형 AI 모델의 한계를 이해하고, 의심스러운 정보는 반드시 추가 검증을 해야 한다.

생성형 AI를 교육에 효과적으로 접목 가능한가

생성형 AI는 학생의 학습 속도, 강점, 약점을 분석해 맞춤형 학습 계획을 제공할 수 있다. 학생의 이해도에 따라 난이도를 조절해 최적의 학습 경험을 제공하며, 개인 맞춤형 학습 프로그램을 통해 학생들은 각자의 특성에 맞는 학습을 진행할 수 있다. 생성형 AI는 학생의 학습 수준과 선호도를 파악해 개인화된 학습 콘텐츠를 제공해 학습에 대한 흥미와 동기를 높일 수 있다. 생성형 AI 기반 학습 시스템은 오답을 분석해 맞춤형 문제 풀이 연습 문제를 제공하거나, 학습 진행 상황에 맞는 맞춤형 학습 콘텐츠를 제작할 수 있다. 또한, 학생의 학습 데이터를 분석해 개인화된 학습 추천을 제공하며, 자동 피드백을 통해 학습 효과를 높일 수 있다. 생성형 AI는 자동 채점, 맞춤형 피드백 제공, 학습 데이터 분석 등을 통해 학생들의 학습 과정을 효과적으로 평가하고 피드백을 제공해 부족한 부분을 보완할 수 있도록 도울 수 있다. 실시간 피드백을 통해 학생들의 학습 진행 상황을 모니터링하고 즉각적인 교정을 지원할 수 있다.

생성형 AI 튜터는 학생들의 질문에 언제든지 답변하며, 시간과 장소에 구애받지 않고 학습 지원이 가능하다. 문제를 자동으로 분석하고 최적의 솔루션을 제시해 문제 해결 능력을 향상시킬 수 있다. 학습 데이터를 분석해 맞춤형 학습 조언을 제공하고, 다양한 학습 방식을 지원할 수 있다. 시각적, 청각적, 운동적 학습자를 위한 자료를 제공하며, 초기 단계지만 큰 잠재력을 가지고 있다. 생성형 AI는 학습 내용을 자동으로 요약하고 정리해 복습을 지원하며, 실시간 번역, 발음 교정, 대화 연습 등 언어 학습도 도울 수 있다. 다국어 번역 기능으로 국제 교류나 해외 유학에도 유용하다. 생성형 AI는 번역과 문법 교정을 통해 언어 학습 능력을 향상시킬 수 있다.

생성형 AI 기반 스터디 그룹은 학생들이 협력하고 학습할 수 있는 환경을 제공하며, 협업 능력과 문제 해결 능력을 향상시킬 수 있다. 생성형 AI는 그룹 프로젝트에서 아이디어 제안, 자료 정리 등을 도와 협력 학습을 지원하고, 학생과 실시간 대화를 통해 학습을 진행할 수 있다. 생성형 AI 챗봇은 외국어 대화 연습을 지원하며, 가상 학습 환경을 제공해 학생들이 직접 체험하며 학습할 수 있도록 도울 수 있다. 생성형 AI는 가상 현실, 증강 현실, 게임 등 몰입형 학습 환경을 조성해 학습 효과를 높일 수 있다. 예를 들어, 역사적 사건을 가상 현실 체험으로 만들거나, 과학 개념을 증강 현실 게임으로 학습할 수 있도록 지원할 수 있다.

생성형 AI는 학생들의 창의적 사고와 문제 해결 능력을 키우는 도구와 활동을 제공할 수 있다. 스토리텔링, 시 쓰기, 그림 그리기 등 창의적인 작업을 돕고, 열린 문제 해결 아이디어를 제시할 수 있다. 학습 데이터를 분석해 학습 패턴과 강점, 약점을 파악하고 효율적인 학습 전략을 제시할 수 있다. 특히 학습 장애가 있는 학생들에게 맞춤형 지원을 제공해 학습 격차를 줄이고, 시각, 청각 장애 학생들의 학습 자료 접근을 도울 수 있다. 수업 계획 수립, 평가 자료 제작을 지원해 교사가 학생 지도에 집중하게 할 수 있다. 생성형 AI는 학습 중 궁금한 점에 즉각 답변을 제공해 학습 흐름을 유지하고, 이해하기 쉬운 형태로 학습 자료를 생성할 수 있다. 글쓰기 과정을 지원해 문장 구성, 문법 오류 수정, 문맥 이해 등을 자동 처리해 글쓰기 능력을 향상시킬 수 있다. 생성형 AI 게임 기반 학습을 통해 흥미를 유발하고, 퀴즈와 테스트를 생성해 반복 학습을 도울 수 있다. 텍스트, 이미지, 비디오 등 다양한 형태의 학습 자료를 신속하게 생성해 학생의 관심사나 학습 스타일에 맞는 자료를 제작할 수 있다.

생성형 AI가 예술 창작에 미치는 영향

생성형 AI는 예술 창작에 새로운 아이디어와 영감을 제공하며, 반복적인 작업을 자동화해 예술가들이 창의적 과정에 집중하게 도울 수 있다. 기술적 제약이 있는 사람들도 예술 창작에 참여할 수 있게 하며, 전에 없던 새로운 예술 형태를 등장시킬 수 있다. 생성형 AI는 대규모 데이터셋을 기반으로 빠르게 대량의 예술 작품을 만들어 내어 작업 효율성을 높이고, 새로운 스타일이나 아이디어를 제시할 수 있다. 생성형 AI는 인간보다 더 정확하고 일관된 결과를 제공하며, 새로운 아이디어를 제시해 인간의 창의성을 증진할 수 있다. 생성형 AI는 시간과 비용을 절약하며, 다양한 스타일과 장르의 작품을 생성해 인간이 표현하지 못하는 것을 표현할 수 있다. 또한 예술가들에게 새로운 영감을 제공해 창의적 표현을 촉진하고, 반복적인 작업을 자동화해 생산성을 향상시킬 수 있다. 생성형 AI 기반 예술 플랫폼은 예술 경험이 없는 사람들도 쉽게 창작할 수 있게 하며, 새로운 예술 형식의 창작을 가능하게 한다. 생성형 AI는 가상 현실 경험, 대화형 예술 작품, 알고리즘으로 생성된 음악 등을 만들어 내어 예술가들의 창의성을 확장하는 데 도움을 줄 수 있다. 예술 창작 과정에서는 반복적이거나 시간이 많이 걸리는 작업을 자동화해 예술가들이 창의적인 작업에 더 집중할 수 있도록 도울 수 있다. 누구나 쉽게 생성형 AI 도구를 사용해 예술을 창작할 수 있어 예술 교육과 접근성이 향상될 수 있다. 생성형 AI는 예술가와 협업해 새로운 유형의 작품을 창출하며, 새로운 아이디어와 혁신적인 접근 방식을 제공해 예술가들의 창의성을 자극할 수 있다.

한편 생성형 AI 생성 작품의 등장으로 예술의 의미와 가치에 대한 재정의가 필요하다. 예술가들이 생성형 AI에 지나치게 의존하면 창의적 사고 능력과 예술적 기술 발전에 어려움을 겪을 수 있다. 생성형 AI는 빠르고 효율적으로 작품을 생성할 수 있지만, 이는 인간의 고유한 창의성을 대체할 수 없다는 우려가 있다. 또한, 기술적 문제 발생 시 예술 작품 제작이 중단될 위험도 존재한다. 생성형 AI는 예술가들에게 새로운 도구를 제공하지만, 이로 인해 예술의 본질이 변질될 수 있다는 점에서 신중한 접근이 필요하다. 예술가들은 생성형 AI를 활용하되, 자신의 창의적 능력을 유지하고 발전시키는 노력을 병행해야 한다. 예술의 본질은 인간의 감정과 경험을 표현하는 데 있으며, 생성형 AI는 이를 보조하는 역할로 사용되어야 한다. 따라서 생성형 AI와 인간의 협업을 통해 예술의 새로운 가능성을 모색하는 것이 중요하다. 생성형 AI가 예술의 도구로서 사용될 때, 예술가들은 이를 통해 더욱 창의적이고 혁신적인 작품을 만들어 낼 수 있다. 그러나 생성형 AI에 지나치게 의존하지 않도록 주의해야 하며, 예술가 본연의 창의적 역량을 지속적으로 발전시켜야 한다. 생성형 AI와 예술의 관계는 상호 보완적이어야 하며, 이를 통해 예술의 새로운 지평을 열어 갈 수 있을 것이다.

생성형 AI는 새로운 일자리와 산업을 만들 수 있는가

생성형 AI 관련 새로운 직업으로는 AI 모델 트레이너, 프롬프트 엔지니어, AI 콘텐츠 크리에이터, AI 윤리 및 법률 전문가, 데이터 큐레이터 및 주석자 등이 있다. AI 모델 트레이너는 데이터를 제공하고 피드백을 통해 성능을 향상시키며, 프롬프트 엔지니어는 생성형 AI와의 상호작용을 최적화할 수 있다. AI 콘텐츠 크리에이터는 텍스트, 이미지, 음악, 동영상 등을 생성하고 편집하며, AI 윤리 및 법률 전문가는 윤리적, 법적 문제를 검토하고 정책을 수립할 수 있다. 데이터 큐레이터 및 주석자는 데이터를 수집하고 정리하며 주석을 달 수 있다. AI 엔지니어, 데이터 과학자, 머신러닝 전문가 등의 수요가 증가하고, AI 윤리 전문가, AI 정책 고문, AI 규제 전문가 등이 필요해질 것이다. AI 작가, AI 아티스트, AI 음악 프로듀서 등 생성형 AI를 활용한 창작 분야의 직업이 생겨나며, 생성형 AI 기반 생산성 도구, 맞춤형 AI 비서 등을 개발하고 관리하는 직종이 늘어날 것이다. 또한, AI 강사, AI 커리큘럼 개발자 등 생성형 AI 관련 교육 분야의 일자리가 증가할 것이다.

맞춤형 콘텐츠 제작 산업에서는 생성형 AI를 활용해

개인의 취향에 맞춘 영화, 음악, 게임 등을 생성할 수 있다. 자동화된 디자인 및 마케팅 산업은 생성형 AI를 이용해 광고 디자인과 마케팅 캠페인을 자동으로 생성하고 최적화할 수 있다. 의료 및 건강 관리 산업은 생성형 AI를 활용해 환자 데이터 분석, 진단 보조, 맞춤형 치료 계획 수립 등을 지원 할 수 있다. 교육 및 학습 보조 산업은 생성형 AI를 통해 맞춤형 학습 자료를 제공하고, 학생의 학습 진도를 모니터링하며, 개인화된 교육 콘텐츠를 생성할 수 있다. 가상 비서 및 고객 서비스 산업은 AI 기반의 챗봇과 가상 비서를 통해 고객 서비스를 자동화하고 개선할 수 있다. 창작 및 예술 산업은 생성형 AI를 활용해 음악, 미술, 문학 등의 예술 작품을 창작하고, 이를 판매하거나 전시할 수 있다. 언어 번역 및 로컬라이제이션 산업은 생성형 AI를 이용해 실시간으로 다국어 번역 및 로컬라이제이션 서비스를 제공할 수 있다.

생성형 AI의 기술 발전이 디지털 격차를 해소할 수 있는가

생성형 AI의 기술 발전이 디지털 격차를 해소할 수 있는 방법은 첫째로 교육 및 훈련 강화다. AI 리터러시 교육 확대와 직업 재교육 프로그램을 통해 모든 연령대가 생성형 AI 기술을 습득하도록 지원해야 한다. 정부와 기업은 특히나 노인과 저소득층을 대상으로 무료 교육 프로그램과 장비 대여 제도를 마련하고, 온라인 강의와 교육자료 플랫폼을 구축해 최신 기술에 대한 이해와 적응력을 높여야 한다. 지자체와 교육 기관은 디지털 교육 프로그램을 운영하고, 디지털 기기와 인터넷 사용을 지원해야 한다. 유아와 초등학생 대상의 인공지능 기초 개념 교육을 강화하고, 연령, 성별, 직업, 교육 수준에 맞춘 맞춤형 교육 프로그램을 개발해야 한다. 스마트폰과 챗봇 등 일상생활에서 활용되는 인공지능 기술 사용법 교육을 통해 실생활에 도움이 되는 디지털 역량을 강화해야 한다. 노인, 장애인, 저소득층 등 취약 계층을 위한 맞춤형 교육과 지원 프로그램을 마련해 디지털 격차 해소에 우선순위를 두어야 한다. 모든 연령대와 배경을 가진 사람들이 디지털 기술을 이해하고 사용할 수 있도록 교육 프로그램을 확대하고, 학생들과 직장인들에게 생성형 AI 기술과 관련된 지식을 가르치는 교육 과정을 개발해 제공해야 한다. 이를 통해 생성형 AI 기술에 대한 이해도를 높이고 활용 능력을 높여야 한다.

둘째로 정부의 정책적 지원이다. 정부는 생성형 AI 교육과 활용을 위한 지원 예산을 확대하고, 디지털 격차 해소를 위한 종합적인 정책을 수립 및 추진해야 한다. 이를 통해 공공 데이터의 접근성을 높여 더 많은 사람들이 생성형 AI 기술을 활용해 새로운 서비스와 제품을 개발할 수 있도록 지원해야 한다. 특히, 지방자치단체, 교육기관, 시민단체 등의 협력을 통해 지역 기반 AI 교육 및 지원 프로그램을 운영하며, 지역사회 협력 체계를 구축할 수 있다. 정부는 이러한 정책적 지원을 통해 생성형 AI 기술의 대중화를 촉진하고, 디지털 격차를 해소하며, 공공 데이터의 활용도를 높여 다양한 혁신적인 서비스와 제품이 창출될 수 있다. 이를 위해 정부는 관련 예산을 확대하고, 종합적인 정책을 마련해 추진할 수 있다. 또한, 지역사회와의 협력을 통해 생성형 AI 교육 및 지원 프로그램을 운영함으로써, 지역 기반의 생성형 AI 기술 확산과 활용을 촉진할 수 있다. 이러한 정책적 지원을 통해 정부는 생성형 AI 기술을 대중화하고 디지털 격차를 줄일 수 있다.

09
생성형 AI로 새롭게 만들 K-스토리의 미래

생성형 AI는 창작의 패러다임을 변화시키며, 한국 문화 산업에 큰 영향을 미친다. 생성형 AI는 창작 활동의 진입 장벽을 낮추고, 개인의 창의성을 증진한다. 이는 다양한 목소리가 퍼질 수 있도록 돕고, 한국 콘텐츠의 국제 경쟁력을 강화하며, K-한류의 지속적 성장을 이끈다. 생성형 AI와 인간의 협력은 더욱 놀랍고 감동적인 작품을 만들어 낼 것이다.

AI와 화장품?

생성형 AI, K-스토리의 터닝포인트

생성형 AI의 급속한 발전은 창작의 패러다임을 변화시키고 있으며, 이는 대한민국의 문화 산업, 특히 스토리텔링 분야에 큰 영향을 미칠 것으로 예상된다. K-한류의 새로운 지평을 열 가능성이 대두되고 있으며, AI 기술의 발전은 다양한 산업 분야에 혁명적인 변화를 가져오고 있다. 특히 창작 분야에서 그 영향력이 두드러지고 있으며, 이는 한국의 문화 콘텐츠 산업에도 큰 파급효과를 미칠 것으로 예상된다. K-스토리는 전 세계적으로 인기 있는 문화 산업 중 하나로, 다양한 장르의 작품들이 해외에서도 큰 관심을 받고 있다. 생성형 AI의 발전으로 누구나 쉽게 글을 쓸 수 있는 시대가 도래했으며, AI가 인간 작가들과 협력해 새로운 형태의 창작물을 만들어 낼 수 있는 가능성은 대한민국 국민 모두가 작가가 될 수 있는 기회를 제공하고, 이는 새로운 K-스토리의 탄생을 예고한다. 생성형 AI의 발전은 우리의 삶에 많은 변화를 가져왔으며, 새로운 형태의 문화적 혁신을 이끌고 이를 통해 새로운 K-스토리와 K-한류의 미래를 전망할 수 있다.

대한민국 국민이 누구나 작가인 시대

생성형 AI 기술의 발전은 창작 활동의 진입 장벽을 낮추고 있다. 과거에는 전문적인 작가만이 자신의 아이디어를 구체화할 수 있었지만, 이제는 누구나 생성형 AI 도구를 활용해 손쉽게 글쓰기와 스토리텔링을 할 수 있게 되었다. 이는 개인의 창의성과 자기 표현을 증진하는 긍정적인 변화라고 볼 수 있다.

생성형 AI는 글쓰기와 스토리텔링에서 두 가지 주요 방식으로 창작 활동을 지원하고 있다. 첫째, 생성형 AI 기반의 글쓰기 도구들은 사용자가 간단한 아이디어만 입력하면 이를 바탕으로 문장을 생성하거나 전체 글을 완성해 준다. 예를 들어 사용자가 주제를 입력하면 생성형 AI는 관련된 문장을 제안하고, 더 나아가 이야기의 흐름을 만들어 주는 기능까지 제공한다. 이를 통해 초보자도 전문적인 글을 작성할 수 있는 환경이 조성되고 있다.

둘째, 생성형 AI는 창작 과정에서의 피드백을 통해 작가가 더 나은 글을 쓸 수 있도록 돕는다. 예를 들어, 생성형 AI는 문법 오류를 검토하고, 문장 구조를 개선하며, 더 나은 표현 방식을 제안한다. 이러한 피드백은 작가의 글쓰기 실력을 향상시키는 데 큰 도움을 준다. 앞으로도 생성형 AI는 더욱 정교해지고 발전하며, 우리의 창작 활동을 더욱 풍부하고 다채롭게 할 것이다. 생성형 AI 기술은 창작 분야에 참여하는 사람들의 폭을 넓히고, 다양한 목소리들이 세상에 퍼질 수 있도록 돕는다. 과거에는 전문적인 교육과 경험이 없어 창작 활동에 참여하기 어려웠던 사람들도 이제는 쉽게 자신의 이야기를 들려줄 수 있다. 생성형 AI 기술은 문화적, 사회적 배경이 다양한 사람들이 창작 과정에 참여하도록 돕고, 이는 더욱 풍요롭고 다채로운 창작 생태계를 조성하는 데 기여한다. 생성형 AI 기술은 인간의 창의성을 대체하는 것이 아니라 오히려 보완하고 확장하는 역할을 한다.

이제 글쓰기는 더 이상 소수의 전문가들만의 영역이 아니다. 우리 모두는 일상에서 자연스럽게 익힌 스토리텔링 능력과 고유한 경험을 가지고 있다. 이를 바탕으로 기본적인 글쓰기는 충분히 가능하며, 나아가 독특하고 흥미로운 이야기를 만들어 낼 수 있다. 기술의 진보는 창작의 영역에서 혁명적인 변화를 가져오고 있으며, 특히 글쓰기 분야에서 생성형 AI의 도움으로 더 많은 사람들이 창작의 기회를 얻게 되었다. 생성형 AI 기술은 글쓰기의 진입 장벽을 낮추고, 대중의 창작 참여를 확대시키고 있다. 이는 창작의 민주화를 촉진하며, 다양한 배경과 경험을 가진 사람들의 이야기가 세상에 나올 기회를 제공한다. 생성형 AI 기술은 창작의 문턱을 낮추고, 작가들이 창의적인 작업에 집중할 수 있게 해 더 풍부한 작품이 나오게 한다. 생성형 AI는 다양한 주제와 스타일에 대한 데이터를 바탕으로 새로운 아이디어를 제시해 작가들의 창작력을 향상시킨다.

생성형 AI 기반 창작 기술은 속도와 양에서 혁신적인 변화를 가져오며, 제작 비용을 절감하고 콘텐츠 생산성을 극대화한다. 개인화된 스토리를 제공해 글로벌 독자들의 다양한 취향을 만족시키고, 독자 맞춤형 콘텐츠를 제작할 수 있다. 이러한 기술과 창의성의 결합은 한국 콘텐츠의 국제 경쟁력을 강화하며, K-한류의 지속적인 성장을 이끄는 원동력이 된다. 또한, 개인의 선호도를 분석해 맞춤형 콘텐츠를 제공함으로써 글로벌 독자층을 확보할 수 있다. 생성형 AI와 창의성의 결합을 통해 한국 문화 콘텐츠는 기술적 우수성과 문화적 독창성을 모두 갖추게 되어 국제 시장에서 경쟁력을 확보할 수 있다. 이러한 혁신적인 변화는 한류의 지속적인 성장을 이끌어 낼 것이며, 세계 문화 산업에서 한국의 위상을 더욱 높이는 데 기여할 것이다. 앞으로 생성형 AI 기술은 더욱 발전해 창작 과정의 여러 측면을 지원할 것으로 예상되며, 이는 인간과 AI가 협력해 더욱 놀랍고 감동적인 작품들을 만들어 낼 수 있도록 도울 것이다.

아시아의 Jr. 톨킨과 조앤 롤링을 바라며

최근 한국의 문화와 역사를 담은 K-스토리가 전 세계적으로 큰 인기를 끌고 있다. K-팝, K-드라마, K-영화 등 다양한 콘텐츠가 글로벌 시장에서 주목받고 있으며, 이는 한국의 독특한 문화적 요소와 역사적 배경을 바탕으로 한 이야기들이 글로벌 관객들의 마음을 사로잡고 있기 때문이다. 이러한 현상은 단순한 일시적 유행이 아닌, 한국 콘텐츠 산업의 새로운 도약을 예고하는 신호로 볼 수 있다. K-스토리는 대한민국의 문화와 역사를 담고 있어 전 세계적으로 많은 사랑을 받고 있으며, 앞으로도 더 많은 사람들에게 관심을 받을 것으로 기대된다. 이에 일반 국민들이 생성형 AI 기술을 활용해 K-스토리를 만들어 K-스토리의 새로운 도약을 이끌 것으로 기대되고 있다. 다양한 배경을 가진 일반 국민들의 참여가 큰 역할을 하며, 독특하고 신선한 이야기들이 쏟아질 것이다. 이는 한국 문화의 깊이와 다양성을 보여 주고, 한국의 독특한 매력을 전 세계 관객들에게 선보이며 문화적 영향력을 확대할 것으로 기대된다.

이러한 생성형 AI 기반의 창작 생태계 구축을 위해 정부와 기업, 개인이 협력해 창조적인 문화를 발전시키고, 대중의 창작 활동을 지원하는 정책과 제도를 마련해야 한다. 또한, 효율적이고 혁신적인 창작 환경을 구축해야 하며, 이는 대한민국이 세계적인 문화 강국으로 성장하는 데 기여할 것이다.

10

생성형 AI 기술의 발전과 문화 산업의 변화

생성형 AI 모델은 다양한 데이터를 처리하며 인간의 의사소통 방식을 이해하고 모방한다. 효율적인 학습 알고리즘으로 자원 소모를 줄이고 성능을 높이며, 새로운 직업과 교육 시스템 변화를 촉발한다. 양자 컴퓨팅과 뉴로모픽 컴퓨팅 발전도 생성형 AI 가능성을 넓히고, 프롬프트 엔지니어링은 생성형 AI 모델이 사용자 의도를 정확히 파악하도록 돕는다. 생성형 AI는 스토리텔링에서 중요한 역할을 하며, 반복 작업을 자동화해 작가가 창의적 과정에 집중할 수 있게 한다.

종교와 AI?

생성형 AI가 바꾸고 있는 창작의 패러다임

생성형 AI 기술의 발전 전망은 모델 성능 향상, 다중 모달 학습, 효율성 개선 등 기술적 발전과 창의적 산업, 교육, 의료, 비즈니스 등 다양한 응용 분야 확대로 이어지고 있다. 인간과 AI의 협력은 증강 지능과 새로운 직업 등장, 교육 패러다임 변화 등을 통해 새로운 가능성을 열고 있다.

생성형 AI 모델의 규모와 성능은 지속적으로 향상될 것으로 예상 된다. 현재 GPT-4o와 같은 대규모 언어 모델들이 놀라운 성과를 보여 주고 있지만, 앞으로 더 큰 규모의 모델들이 등장할 것이다. 이는 더 정교하고 맥락을 잘 이해하는 생성형 AI 시스템으로 이어질 것이다. 향후 생성형 AI는 텍스트뿐만 아니라 이미지, 음성, 비디오 등 다양한 형태의 데이터를 통합적으로 처리하고 생성할 수 있는 다중 모달 능력을 갖출 것이다. 이를 통해 생성형 AI는 인간의 복합적인 의사소통 방식을 더욱 잘 이해하고 모방할 수 있게 될 것이다. 언어모델의 크기가 커짐에 따라 학습과 추론에 필요한 컴퓨팅 자원도 증가하고 있다. 따라서 효율적인 학습 알고리즘 등을 통해 생성형 AI 시스템의 효율성을 높이는 연구가 활발히 진행될 것이다. 이는 더 적은 자원으로 더 높은 성능을 달성하는

데 기여할 것이다

생성형 AI는 예술, 음악, 문학 등 창의적 분야에서 더욱 활발히 활용될 것이다. 생성형 AI가 생성한 작품들이 인간의 창작물과 구별하기 어려울 정도로 발전하며, 인간 창작자들과의 협업 도구로서 그 역할이 확대될 것이다. 그리고 개인화된 학습 경험을 제공하는 데 생성형 AI가 중요한 역할을 할 것이다. 학습자의 수준과 관심사에 맞춘 교육 콘텐츠 생성, 실시간 피드백 제공, 대화형 튜터링 등이 가능해질 것이다. 그뿐만 아니라 의료 분야에서 생성형 AI는 질병 진단, 치료법 개발, 개인화된 의료 서비스 제공 등에 활용될 것이다. 환자 데이터를 기반으로 한 맞춤형 치료 계획 수립, 신약 개발 과정 가속화 등이 가능해질 것이다. 더불어 기업들은 생성형 AI를 활용하여 고객 서비스를 개선하고, 마케팅 전략을 수립하며, 비즈니스 인사이트를 도출할 것이다. 더욱 정교한 챗봇과 가상 비서가 등장해 고객과의 상호작용을 혁신적으로 변화시킬 것이다.

생성형 AI는 인간의 능력을 대체하기보다는 보완하고 확장하는 방향으로 발전할 것이다. 이른바 '증강 지능'의 개념이 더욱 부각되어, 인간과 AI가 각자의 강점을 살려 협력하는 협업모델이 주목받을 것이다. 그래서 생성형

AI 기술의 발전으로 일부 직업이 사라지겠지만, 동시에 새로운 직업들이 생겨날 것이다. 예를 들어, AI 프롬프트 엔지니어, AI 윤리 전문가, AI-인간 협업 코디네이터 등 AI와 관련된 새로운 전문 직종이 부상할 것이다. 특히 생성형 AI와 효과적으로 협력할 수 있는 능력이 중요해짐에 따라, 교육 시스템도 이에 맞춰 변화할 것이다. 비판적 사고, 창의성, 감성 지능 등 AI가 쉽게 대체하기 어려운 인간 고유의 능력을 키우는 교육이 강조될 것이다.

기술의 미래와 창작의 미래

양자 컴퓨팅 기술의 발전과 함께, 이를 AI 학습 및 추론에 활용하는 연구가 진행될 것이다. 양자 AI는 현재의 고전적 컴퓨터로는 불가능한 수준의 복잡한 문제를 해결할 수 있는 잠재력을 가지고 있다. 이와 관련해 인간 뇌의 작동 원리에 대한 이해가 깊어짐에 따라, 이를 AI 시스템 설계에 적용하는 시도가 늘어날 것이다. 뉴로모픽 컴퓨팅, 브레인-컴퓨터 인터페이스 등의 기술이 발전하며 생성형 AI의 새로운 가능성을 열어 줄 것이다,

생성형 AI는 대규모 언어 모델(LLM)과 같은 기술을 기반으로 한다. 이러한 모델은 방대한 양의 데이터를 학습해 자연어를 이해하고 생성하는 능력을 갖추고 있다.

예를 들어, GPT-4o와 같은 모델은 텍스트 생성, 번역, 요약 등 다양한 작업을 수행할 수 있다. 이는 창작 과정에서 인간의 아이디어를 보완하고, 새로운 영감을 제공하는 도구로 활용될 수 있다.

생성형 AI는 스토리텔링 과정에서 중요한 역할을 할 수 있다. 생성형 AI는 시놉시스 단계와 원고 쓰기 단계에서 작가를 도울 수 있다. 예를 들어, 생성형 AI가 시놉시스와 원고의 단계별 초안을 제안하고 이를 바탕으로 작가는 세부 내용을 수정 및 보완을 하며 채워 나가는 방식으로 협력할 수 있다. 또한, 생성형 AI는 반복적인 작업을 자동화해 작가가 창의적인 과정에 더 집중할 수 있게 한다.

프롬프트 엔지니어링은 생성형 AI 모델에게 특정 과제를 수행하도록 지시하는 기술로, 창작 과정에서 매우 중요하다. 프롬프트 엔지니어링을 통해 생성형 AI 모델이 사용자의 의도를 정확히 파악하고, 맥락에 맞는 결과를 생성할 수 있다. 이는 창작 과정에서 생성형 AI의 성능을 극대화하고, 인간과 생성형 AI 간의 협력을 더욱 원활하게 만든다.

김학수

부산대학교 영상정보협동과정에서 박사 과정을 수료한 후, 현재 웹소설 PD, 웹소설 작가, 웹소설 강사로 활발히 활동 중이다. 다양한 웹소설 프로젝트를 프로듀싱하며, 수많은 강의를 통해 지식을 전파하고 있다. 웹툰 제작사에서 마케팅팀장을 맡아 브랜드 전략과 홍보를 이끌었으며, 동서대학교 스토리텔링 연구소에서 연구원으로 활동했다. 또한, 스토리텔링 업체를 운영하며 여러 프로젝트를 성공적으로 이끌었다. 풍부한 경험과 전문성을 바탕으로, 창의적인 스토리텔링을 통한 콘텐츠 발전에 기여하고 있다.